おやときどきこども

鳥羽和久

ナナロク社
NANA ROKU SHA publishing

はじめに

「今日、学校が終わって塾までわーって走ってきたんです。雪が冷たくて、制服はびちょびちょ、髪の毛はぼっさぼさになりながら。もーっ、楽しかったー!!」

ユナさんが、教室に飛び込んできたとたん勢いよく話し始めました。それを聞いた他の子どもたちは、わーっと明るい歓声を上げながら、「それ、楽しいよねー!!」「わかるー!!」と口々に言い合います。その日、福岡は珍しく大粒の雪が降っていました。

私は大学院在学中の二〇〇二年に福岡市のランドマークである大濠《おおほり》公園の近くに学習塾を開き、それ以来たくさんの子どもたちと勉強をしてきました。二〇一〇年からは教室内に単位制高校のシステムを導入し、高校を中退した元塾生たちを対象に大学進学のサポートも行うようになりました。現在、小学六年生から高卒生まで約百六十人が通う私たちの教室には、ある決められたテーマをもとに高校生がそれぞれの考えを出し合う「ディスカッション」という授業があります。これはその授業の冒頭のことです。

ユナさんの話を聞きながら、私は岡本かの子の短編「快走」（一九三八）の中に出てくる「自分独特の生き方を発見した興奮に」という言葉を思い出していました。

女学校を卒業したあと、慌ただしく仕事に追われながらも変化に乏《とぼ》しい生活を送っている道子。冬晴れのある日、卒業以来久々に外に出てあてもなく歩き始めた道子は、夕陽に照らされた秩父の山々を遠くに見ながら、自分が日ごろどれだけ心に余裕がなく楽しみの少ない生活をしているかをつくづくと思い知らされます。

道子は河岸の堤防の上に立ち、誰も見る人がいないことを確かめた上で「よし……思い切り手足を動かしてやろう」と呟《つぶや》きます。そして、下駄を脱いで、着物の裾《すそ》を端折《はしょ》って、猛烈な勢いで堤防の上を走り始めます。

堤防を駆け抜けたそのとき、彼女の心臓は胸の中で激しく衝《う》ち続け、全身の筋肉はその鼓動といっしょにぴくぴくと震えます。そのときに全身で感じた生きている、という溌《はっ》剌《らっ》とした実感は、まるで新しい自分に生まれ直したかのような鋭い快感を彼女に与えます。

駆け足の気持ちよさが忘れられない道子は、その翌日から銭湯を口実に家を出て、毎晩両親の目を盗んではそのまま堤防に向かうようになります。彼女は誰も知らないひとりきりの楽しみを見つけてしまったのです。銭湯のわりに時間がかかりすぎじゃないか？　そんな親たちの疑いの目をどうにかごまかしながら、道子は堤防に通い続けます。

このとき、彼女を衝《つ》き動かしていたのは、疾走するときに感じる閃光《せんこう》のような胸のときめきです。そして、走り終わった瞬間に心にあふれる、自己肯定に満ちた爽快感です。短いパンツ——走るときに備えて着物の下に隠すようにはいたもの——と共に、その熱い思いを着物の下にしのばせながら、彼女は毎晩堤防に向かいました。

道子はひとり暗い一本道を駆け抜け、そして次第に速度を緩めていきます。そのとき彼女は不意に、自分がいま「淋しいがしかも厳粛な世界に生きている」という感覚に打たれます。それは他のものでは代用できない、私の中《うち》から湧き上がってくる感動です。こうして彼女は「自分独特の生き方を発見した興奮」に震えながら、自分がいま生きているという実感を深めます。

ユナさんは高校二年生。学校に行っても家に帰っても、勉強しろ、このままじゃ行きたい学校に行けんぞと追い立てられる生活をする中で、突然降りだした想定外の雪にまみれながら「自分独特の生き方を発見した興奮」が湧き起こるのをふつふつと感じたのでしょう。これが、この感覚こそが、きっとほんとうだと思うのです。

昭和初期に幼少時代を過ごした作家、石牟礼《いしむれ》道子《みちこ》の自伝『葭《よし》の渚《なぎさ》』（二〇一四）には、次のような場面があります。

小学校に上がると、世界が一挙に広がった。文字を覚えて、「つづり方（作文）」というのを書いてみると、現実という景色が、いのちを与えられて立ち上がるのである。つづり方の時間になると嬉しくて、鐘が鳴っても書きやめたくなかった。

ここには、新たな言葉や表現を知ることによって、現実という景色にいのちが与えられる場面が鮮やかに描き出されています。これを読んだ後には、現代の子どもたちの勉強が単なる受験のための手段になり下がった代償の大きさに、いまさらながら気づかされます。子どもたちは、言葉が現実にいのちを与えることも、学問が「自分独特の生き

方」への道しるべになることも知らないまま、大人から一方的に押しつけられることでそれを好きになる機会を奪われ、その結果やりたくないことばかりに囲まれた窮屈な毎日を過ごしています。

それでも、道子はいまも私たちの間で生き続けています。あの日、堤防の上を快走した道子を、そして、つづり方と出会って現実という景色を発見したもうひとりの道子を、子どもたちの中《うち》から日々発見します。

子どもたちは、大人が設定したミッションの間隙《かんげき》を縫って束の間の遊びに興じます。それは子どもたち独特の、決して大人が奪うことのできない才能です。そうやって遊びを忘れない子どもたちの前には、自《おの》ずと世界が開けていきます。それを目撃するたびに、私はいつも新しく子どもたちに出会い直したような気持ちになります。

子どもたちを見てみたら、一人ひとりの素晴らしさに気づいた。私はそんなわかったような話をしたいわけではありません。そうではなくて、意味なく当たり前のように転がっている無数の「自分独特の生き方」を目前にしたときに、心の底から湧き上がってくる感動について話がしたいのです。そんな思いで、私はいまこの本を書いています。

もくじ

2
大人の葛藤の中身

3

子どもと意志

4 子どもと言葉

新しい子どもたち

1

大人と子どもの「現実」

「先生、もうこういう面談は最後ですよね。」

マナさんが急にそう思いつめたような顔で言ったので、私は「うん、そうだけど」と答えつつも、彼女が何を言い出すかわからない不安を感じました。


急に寒さが厳しくなった十一月初旬のことです。この日は、近くの私立の進学校に通う高三のマナさんの大学入試前最後の三者面談が行われていました。彼女は中一から六年間ずっと私たちの教室に通っていますから、お互い顔を突き合わせて話をするのはすっかり慣れっこです。これまでの面談では、お母さんがひとりでマナさんの日ごろの生活について愚痴《ぐち》を言い続けるという展開が多く、その日も、初めからずっとお母さんの小言が続いていました。

「この子、家ではほんっとうに勉強しませんよ。私、いまだに見たことがないんです、この子が家で勉強している様子。」

「はぁ？　見てないだけだし。お母さん寝るの早いから、そのあとやってるし。」

　お母さんは諦めたような笑顔になって「ねぇ、いつも彼女はこうでしょう」とため息をつきます。マナさんは、勉強にはあまり熱心でない代わりにたくさんの趣味をもっていました。ゲームやアニメは誰よりも詳しかったし、しかも彼女はそこから自分なりの哲学を得ていました。彼女は自分の考えを惜しげもなく披瀝《ひれき》することが多く、理不尽な教師や友人の要求に対しても、空気を読むことなく「それ、おかしくない？」と真正面から異議申し立てをするような強さがありました。絵を描くのが好きで、SNSにたびたび自分の作品を載せていましたし、学校の文化祭ではバンドで自作の曲を演じたこともあります。（彼女はキーボード担当でした。）とにかく多彩な才能をもった子でしたので、私は彼女に「マナさんは、勉強をもっと広く捉えて、とにかく自分の才能を伸ばすことに専念したほうがいい」と事あるごとに話していました。

「この時期に、こんな話題になること自体おかしいでしょう、先生。この子、いったいいつになったら自分の将来について真剣に考えるのかしら。」

　マナさんのほうをちらちらと見ながら、お母さんが言います。

「先生、もうこういう面談は最後ですよね。」冒頭の言葉は、その直後に、お母さんの小言をしかめっ面して聞いていたマナさんから放たれたものです。彼女はいまからお母さんに逆襲を仕掛けるかもしれません。マナさんは、まるでこのタイミングに狙いを定めていたかのような勢いで話し始めます。

「もう、いい加減やめてほしいんですよね。この子まったく仕方ないわねー、みたいな感じでそうやって上からしゃべるの。お母さんはいつもこうやって私に次々とフラグを立ててくるんですけど、あからさますぎて回収する気にもならないんですよね。」

お母さんは何か言いたげですが、こらえて彼女の言葉を聞いています。

「うちの親、いまだに大学受験をラスボスかなんかと勘違いしてるんです。受験がラスボスとか、ダッサ。」

「してないわよ。」たまらずお母さんが口をはさみます。

「してるじゃない。だからラスボスに向けていろんなフラグを立ててきたんでしょ。お母さんが私に勉強しないなら大学に行かなくってもいいのよって言うときはいつも、単なる脅しだったじゃない。大学に行くという選択肢しかないくせに、大学に行かないのが無理ゲーってわかってるくせに、いつもそういうこと言うでしょ。」

「いや、だからほんとうに大学行かなくってもいいのよ。行きたくない子になんでそんな高いお金を出してあげないといけないの？」

「ほら来た。一つのレールに乗って進みなさいといままでさんざん言っておいて、それを私にデフォルトで条件づけてきたのに、大学行かなくってもいいのよとか、よく言うよって自分でわからないかな。」

「もう、ひどいでしょ、この子。何でもわかった気になって。」そう言いながらお母さんは顔を歪《ゆが》めます。でも、お母さんには申し訳ないけど、私はマナさんの言っていることがわかる気がします。

「この子は現実の厳しさを知らないんです。いつも絵ばっかり描いて。いや、絵を描くのは別にいいんですけど。でも、それでは生きていけないでしょう……。」

「ちがう。そうやっていつもあなたが言う「現実」を私は見下しているの。私にとっては絵を描くほうが現実なの。」

　マナさんはなかなか痛快なことを言います。


　私はそのとき、マナさんがなぜ絵を描くのが好きになったのかを話してくれた日のことを思い出していました。彼女は両親が共働きの一人っ子という環境で育ちました。小二の夏以降、彼女は学校から帰っても家に誰もいないカギっ子で、「孤独がデフォルト」

の子ども時代を過ごしました。でもその孤独はめちゃくちゃ充実していて、そのときに、ゲームやアニメの奥深いおもしろさを知り、音楽や絵を描くことを通して、自分を掘り下げていくことの楽しさを見つけました。これらとの出会いによって彼女の人生はとても豊かになりました。親からは、勉強さえすれば何をしてもいいのよと、ほしいものは何でも買ってもらえたといいます。

「お母さんは私のことを「現実」から逃げてるって言うけど、お母さんが言う現実はもうないの。ていうか、初めから現実はひとつじゃないの。大人たちが「将来の夢」を子どもに言わせるときに頭の中にあるのは、大人にとってのひとつの現実でしかないじゃない。でも、私から見たらそれはカビが生えてるの。そんなのダサくて択《えら》んでいられないの。子どもに将来を思い描かせても、それは絶望を見せてるだけだよ。大人はデフォルトで絶望のくせに、子どもに希望を持てとかほんとダサいし。私はそもそも絶望してないから。私の言ってること、わからないでしょ。」

お母さんにも言いたいことは山ほどあるはずです。マナさんは六年間塾に通い続けていますが、ずっとそばで指導をしてきた私の目から見ても、彼女は教室でハイレベルの講義を受講したアドバンテージを十分に生かしきれていません。彼女がほんとうに勉強に没頭する生活を送っていれば、当初の希望だった地元最難関の国立大学にだって十分に合格できていただろうという気もします。現在の日本では大企業と中小企業の待遇格差が広がっていますから、結婚や子育ての環境を考えたときに大企業に入るメリットは大きく、そのためには大学選びが大切なのは言うまでもありません。その意味では、お母さんが言っていることは何も間違っていません。

でも、マナさんはもう少し原理的な話をしています。大人はいまだに多少なりとも旧来の価値観をひきずったままで、世界にはまるでその価値観しか存在しないような話をしてしまいがちです。そんな使い古された価値観を、ほとんど無意識にあらゆることの前提にして話す親世代の人たちというのは、彼女から見ると端的に言ってダサいのです。彼女はそれに対して強烈な異議申し立てをしています。それは頭で考えられたものというよりは、もっと感覚的なものです。

お母さんはマナさんに思う存分しゃべらせた後、この子にはもうお手上げといった様子で「彼女にはこれまで通り、最後まで好きにやってもらいます」と笑いながら言いました。そして面談が終わるとき、マナさんは「フラグ、回収しました」と少しだけ頬を緩ませながら小さくそう言って、二人で帰っていきました。お母さんはマナさんへの反撃を試みているのか、何かしきりにマナさんに話しかけていましたが、帰る二人の後ろ姿は不思議と楽しそうに見えました。

マナさんはこの日、最初からフラグの回収を目論《もくろ》んでいたようです。幼いころから彼女が親しんできたゲームやアニメなどのフィクションが、大人たちが用意する既存のレールの虚構性を暴き、結果として彼女に自由な思考をもたらしていると感じられたことは、私にとって新鮮な発見でした。

マナさんほど自分の感覚を言語化できる子ども（といっても彼女は十八歳ですが）は多くないかもしれませんが、ひとつ言えることは、大人の嘘はとっくに多くの子どもたちにバレているということです。いまどき、「いまがんばらないと将来困るわよ」といった使い古されたコンテクストに簡単に乗せられてしまう子どものほうがむしろ心配です。子どもたちの「それ、無理ゲー」というツッコミは、私たちは大人みたいに初めから無理だとわかっているような無謀なことはやらないから、という意思表示でもあります。子どもには、大人が設定する「無理ゲー」にたいした根拠がないことがわかっています。大人が「将来のために」と口走るとき、その「将来」に光彩はなく、むしろ漠たる不安の影だけがその周囲に広がっているのが見えるから、思わず目を逸《そ》らしたくもなるのでしょう。こうして、大人は子どもに不安を見せておきながら、子どもに希望を語らせようとします。なんて勝手なことをしているのでしょうか。そんな大人の「無理ゲー」に子どもが付き合う必要はないのです。

大人に与えられたゲームが信じられない子どもたちは、自分独自のゲームを構築するために動き出します。その試みが果たして成功するかどうかはわかりませんが、過去でも未来でもなく、唯一手垢《てあか》のついていない「いま」だけを触知しながら、彼らは少しずつ歩みを進めてゆきます。

大人はゲームを生きていながら、これは現実だと嘯《うそぶ》きます。一方で、子どもたちはゲームを生きながらも、同時に人生はゲームではないという反定立を打ち立てます。その痛快さにこそ、世界のすべてがあるような気がします。

それぞれのストーリー

先日、一週間ほど福岡に帰省していた卒業生の礼太郎くんと教室の近くのガストに行って、いろんな話をしました。彼は東京にある某大学の政治経済学部に通っていて、自ずと話題は昨今の政治情勢に及びました。

「北朝鮮が悪いとか、アメリカが悪いとかじゃなくて、そうなっているというふうに考えたほうが、国際情勢は理解しやすいとうちの大学の先生が言っていて、僕も最近そう思うんです。」

「それって地政学的な見方をするということだよね。バルカン半島が歴史的にヨーロッパの火薬庫だということは中学生でも知ってるけど、例えば朝鮮半島の悲劇的な歴史について半島国家という視点から考えることを日本の学生は学ばないもんね。」

「そうです。だからといって加害者が責任を免《まぬか》れるというような話ではないと思うんですが……。そういう地政学的な視点で初めて見えてくるものは確かにありますよね。」

中学生のころは、いつもおとなしくて自分の意見らしいものを何も言わなかった礼太郎くんが目の前で次々と言葉を繰り出すので、私はなんだか眩《まぶ》しいものを見るような気持ちで彼の話に耳を傾けていました。

礼太郎くんは、私の教室に通っていた中学時代に母親からひどく苦しめられていました。彼は自分なりの勉強のやり方で高い成績をキープし続けていたのにもかかわらず、母親はテストが終わるたびに「点数が悪い」「努力が足りない」「やり方が悪い」「何をやってもムダ」「自分の子なのになぜこんなふうに育ったのか理解できない」等の激しい叱責を浴びせ続けるような人で、彼の人格そのものを否定するような発言を日々繰り返していました。

彼が地元最難関高校を受験して不合格になった翌日の夜に、母親の強い希望で急遽《きゅうきょ》、面談をすることになったのですが、そのとき母親は夜の九時から深夜三時すぎまで六時間以上にわたって私の前で彼を責め続けました。私はその間、ほとんど口をはさむことができず、繰り返し同じ言葉で責め続ける母親の言葉が止む時を、彼とともに耐え忍んで待ち続けました。

真正面の席に座ってメロンソーダを飲んでいる彼は「僕も最近は、地政学的な見方によって、自分の親に対する考えが変わってきたところがあります。」そう言って、おもむろに話し始めました。

「先生にお世話になっていた中学のころ、うちの母は、子ども三人をひとりで引き受けていたんです。父は雑誌の編集者でもともと家を空けがちだったんですが、僕が中学に上がってすぐに、東京に単身で住むようになって。下には小五の妹と、小三の弟がいて、三人をすべて私がちゃんと育てなければならないと、ひとりで引き受けすぎてしまったのだと思います。一度引き受けてしまうと、いくら苦しくても手放せなくなる現象、あれ、何か名前をつけたいですよね。母もきっと苦しかったんだろうということが、いまならわかります。」

彼が家族について、そして母親について、自ら口を開くのは初めてのことでした。

「父は福岡出身で、母は東京との県境に近い川崎の百合丘《ゆりがおか》出身です。うちの家族は、僕がまだ幼いときに父の実家と仕事の都合で福岡に住むようになったんです。でも、結局父は東京に行ってしまって、母は父の実家がある福岡に子ども三人と残される形になりました。近くに父の両親が住んでいましたが、母にとってはそれがむしろストレスになっていたようです。母は、ご近所さんやママ友といった人付き合いをするほうではなく、職場と家を往復するだけの孤立した子育てをしていました。だから、母がなぜ僕らにあんなにきつく当たっていたかということが、いまなら理解できます。母は母なりにちゃんとやろうとしていたんだと思います。むしろ、ちゃんとやろうと抱えすぎていたんだと思います。」

彼の話を聞いていると、当時の礼太郎くんの母親の姿が思い出されます。彼女は確かに、いつも何かに耐えながら歯をくいしばって生きているように見えました。「宿題が少なすぎるのではないか。」「うちの子の宿題の出来が不十分なのに、それに対する指導が甘いのではないか。」そういう内容の電話が、一日に何度も繰り返し教室にかかってくることがありました。そして、たびたび子どもの学習状況を改善するための面談を求めました。彼女は自身が抱える不安について誰かに話す環境になかったし、「気にしすぎだよ」と、ただそれだけのことを言ってあげる人がそばにいなかったのかもしれません。

「とは言っても、いまもあのころを思い出すたびに心が疼《うず》きます。僕はいま、胸を押さえながら話しているでしょう。母の話をすると、こうやって少し体が震えるんです。でも、それでも、とりあえず頭ではそういうことか、と理解できるようになってきました。僕は少し前まで、母に傷つけられたということ自体、認められませんでした。僕には、母に対してなんか強烈な罪悪感みたいなものがあって、僕が悪いのに、傷ついてしまう自分はなんてダメな人間なんだと、自分を否定する気持ちでいっぱいでした。大学に入って東京にひとりで住むようになって、やっと僕は母からひどい扱いを受けていたんだな、と認める気持ちになってきました。あの罪悪感もひとつの刷り込みだったんだというのが見えてきて、ああ、かわいそうだったんだな、とあのころの自分を慰めたい気持ちにもなりました。母から離れて、僕はようやく自分のことを被害者だと考えるようになりました。母を憎みたい気持ちにもなりました。でもいまは、母も母親である前にひとりの人間なんだという見方を得ることで、自分が被害者だという気持ちからも少しずつ立ち直ってきてるのかなと思っています。」

礼太郎くんは自分の気持ちを確認するように丁寧に、そして時折顔を歪めながら話します。そういう彼を見ていると、自分とそんなに向き合って彼の心が破綻してしまわないだろうかと心配になります。彼は上体を右に少し傾けたまま座っていて、小刻みに体を震わせています。そして彼が呼吸をするたびに、鼻腔を出入りする空気が擦《こす》れる小さな音が聞こえます。

「いや、どうかな……。僕はいま、先生の前だからこんな理路整然としたことを言っているだけかもしれません。家に帰ったら、また母を憎む気持ちがふつふつと沸き起こるかもしれません。逆に母のことを求めてしまうような気持ちが噴出するかもしれません。こうやって話しているうちに、僕はあのころと何も変わっていない気さえしてきます……。いまも、親に対して悪いという気持ちが僕の一番根っこの部分に突き刺さっているのを感じます。親のせいにしているだけで、全部単に自分の問題じゃないかという気もしてきます。自分にとっての真実がいったいどこにあるのか、まったくわかりません……。」

礼太郎くんは、そうやってとうとう話を振り出しに戻すことを言い出してしまいました。母親が当時、どのような関係性の中で生きていたか、そのことを理解したおかげで、母親が加害者であり、自分が被害者であるという見方からも距離を取ることができるようになってきた。そう話していたのに、彼は話しているうちに、そうやって整然と話すことができる自分に疑問を持ち始めてしまいました。親元を離れてやっと自分が被害者だとわかったというのが話の前提だったはずなのに、被害者なんかじゃなくて自分の問題を親のせいにしているだけじゃないかと、問題を元に戻してしまいました。いまだに癒えない傷を抱えたままに苦しむ彼が目の前にいました。私はもう、彼といっしょに泣いてしまいたい気持ちでした。

母親から離れ、あのころの自分から離れることで、ようやく自分と母親との関係が見えるようになってきた礼太郎くん。彼が初めにクリアしなければならなかったのは、自分が傷ついているという事実を認めることからでした。彼が自らを責めることなく、そして被害者のストーリーに頼りすぎることもなく、自分自身の生を歩み始めるまでには、もう少し時間がかかりそうです。

礼太郎くんも薄々気づいているように、彼が言った「地政学的な見方」というのはひとつの戦術に過ぎません。その見方だけで納得しようとしても、どうしてもそこから零《こぼ》れ落ちるものがあり、それだけで母親の言動をすべて理解し、納得し尽くすことはできません。なぜなら、そのストーリーはやはりひとつの意味づけに過ぎず、それ自体ではないからです。その見方はこれまでの経緯それ自体を語っているようでいて、主観的な視点から作り上げられたストーリーに過ぎません。さらに、彼が母親から人格を否定するようなことを言われ続けていた事実があるとはいえ、自らの苦悩の原因をすべて母親のせいにすることも、やはりストーリーによる意味づけであることは否めません。そうやって原因をひとつに還元すること自体、因果論の罠《わな》に嵌《はま》っていると言わざるを得ないのです。私たちは、ストーリーによってそれ自体に近づくことはできても、それ自体を捉《つか》まえることはできません。ストーリーは個人にとっての支えであり、それがいかに救いではあっても、決してほんとうではないのです。その見方を忘れてしまうことは危険です。なぜなら、それは自分の多様な生の可能性をストーリーに乗っ取られ、奪われてしまうことと同義だからです。

その意味で礼太郎くんは賢明だと思います。彼はひとつのストーリーを手に入れようとしたとたんに、それが手もとからあっけなくこぼれてしまうところまで見つめているからです。自分にとっての真実がどこにあるのかわからない、そうと言いながら顔を歪めた彼の正直さを思い出すたびに、私は胸が苦しくなると同時に、どこか厳粛な気持ちになります。

単一のストーリーに縛られすぎた人は、自分または特定の誰かを責めてしまう傾向にあります。自分を責め続けた人が、その原因は親のほうにあったとして責める矛先《ほこさき》を親に転じた瞬間に、親は「毒親」になります。しかしこれは、単一のストーリーの矢印が逆さまになっただけなので、自分への罪悪感が親への怒りに転じたときに、今度はその怒りに自分が支配されるような偏ったものになりがちです。

自分自身とその周囲に広がる世界を解釈し味わうためには、ストーリーがあったほうがよいのでしょう。そのほうが幸福だったり、自分が安定して生きやすかったりしますから。でも、ストーリーが一面的なものの見方によって成り立っていることを忘れたときに、私たちはストーリーに支配されます。そして、自分自身に、または他者に、攻撃を仕掛けるようになります。

だから、ストーリーに寄りかかりながらも、そのストーリーが絶対的なものではないこと、そして他のストーリーだってありえたかもしれないこと、私たちはいつもそれを心の底で感じながら、人生を味わっていきたいものです。

自分を離れて自分を見ることで、やがて一層よく自分に戻ることができます。そうすることで内面を静観し、味わうことができるようになります。

苦しい感情が湧いたときには、相手を責めるのでも、卑屈になるのでもなく、ただ自分の感情をそのまま味わうことから見えてくるものがあるかもしれません。そして、自分の掌《てのひら》を見つめながら「これでいいのだ」とひとり小さく頷《うなず》くことができれば、その人はようやく一歩ずつ自分の道を進むことができるでしょう。

自立とは、社会の中で他の力を借りずに自分の力で生きていくことではなく、むしろ不安定な社会の中で自分の足場を確かめつつ歩む過程の中から自ずと表出するものだと思うのです。「依存先を増やすこと」が自立であるという話もありますが、増やすまでもなく、私という存在に初めから多くの人たちの影が織り込まれています。その影たちを含んだ「私」を味わうことから、自分の道が始まるのだと思います。

スマホと嘘つき

「英語と数学だけこんなに悪いなんて……、一番大事な教科じゃないですか？　ダメですよね。この前、英語の文法をちょっと見てやったんですけど、呆《あき》れるほどわかってない。日ごろいったいどんな勉強をしているんだと思いますよね。」

その日は三者面談で、目の前には健太くんとお父さんが並んで座っていました。お父さんは健太くんへの苛立《いらだ》ちを隠そうとしません。私はふだんの授業で健太くんに主要五科目すべてを教えていましたから、彼の弱点については誰よりも具《つぶさ》に理解しているつもりでした。お父さんに彼の現状について説明しました。

「健太くんは、確かに英文法がまだ十分に理解できていないのですが、それ以前に、読解に最低限必要な英単語が頭に入っていません。英語は科目である前に言語ですから、言葉自体が頭にある程度入っていないと、文法だけやってもどうしようもないんです。それは、ジグソーパズルでピースが揃っていないのに一生懸命パズルを完成させようとしているようなものです。ピースが全然足りないのに、パズルを完成させようなんて初めから無理な話です。まずはピースをある程度揃えないと。そして英単語の吸収を早めるためには、以前もお伝えしたように音読をベースにした学習は欠かせません。文法はそのあとの話です。」

こういう話をしていると、たいてい子どもより親のほうが真剣に聞いているものです。お父さんはさかんに頷きながら、お前はどうなの？　と言いたげな顔でちらちらと健太くんのほうを見ます。

「そして数学ですが、彼は理解力が高いので、授業中はいつもちゃんと内容を理解しています。でも、数学は、理解することと、実際に解けることは別なんです。他の科目、例えば理科とか社会とかだったら、覚えて理解さえすればそのままテストの点数に結びつくこともあります。でも数学は違います。数学はむしろ理解した後が勝負です。理解した後に、その理解した問題と類似した問題をたくさん解いて、自分のものにする必要があります。絵の教室に通う人が、絵を教室で習うだけで、それ以外の時間に自分で絵を描く練習をしなければ、いくら教室で良い指導を受けても絵がうまくならないのは想像できますか？　野球で打撃フォームの改良のためにコーチングを受けた選手が、その後に新しいフォームを身につけるための練習をしないなんてことがありえるでしょうか？　数学も同じことです。その場で理解しても、そのあと解いて身につけるという作業をしなかったら、いつまでも解けるようにはなりません。結果「わかっていたはずなのに、なぜか点数が取れなかった」とまたいつものセリフを繰り返すのが目に見えています。わかっていたはずなのに点数が取れなかったのは、単に身についていないからです。数学は技能が求められる科目なので、体得しなければ点数が取れるわけがありません。市販の数学の問題集って退屈ですよね。同じような問題がドリル形式でズラーッと並んでいる。でも、あれこそ数学という科目の性質を表しています。数学はわかった後が勝負。わかった問題だからこそ、愚直に類題を繰り返す必要があります。それは、理解することと実際に解決することをループさせることで、その考え方を自分の感覚の中に取り込んでいくイメージです。」

私は淀むことなく話し続けます。

「日ごろ数学を勉強していない子に限って、テスト前になると、簡単な問題はできるから、と難しい問題にばかり手を出そうとする。でもそうすると、予想外に簡単な問題でいくつも落として、難しい問題も中途半端にしか解けない、そして結局思ったような得点が取れないという結果になりがちです。だから、数学はまずできる問題、簡単な問題から、面倒くさがらずに、できれば毎日三十分でもいいから欠かさずに解いていく、それを続けたら自ずと結果はついてきます。英語と数学は積み上げ型の科目ですから、定期テストではある程度付け焼き刃で点数が取れても、総合力が試される模試ではそうはいかない。これが健太くんの現状です。」

勉強のやり方のことになると、立て板に水とばかりに一気に話してしまいます。それは、同程度の習熟度の子どもに対して伝えることは、だいたい似たような内容になることも関係しているかもしれません。健太くんはいよいよ中三になり、受験生の仲間入りです。どこか焦点の定まらないような表情の彼のとなりで、お父さんは怒りを隠しきれない険しい顔で座っています。

「お前、なんで単語覚えないの？　数学やらないの？　いま先生が言ったことわかる？自分の状況わかってる？　いくら先生が必死に教えても、お前がやらなかったらできるようになるわけないよな？　何か言ったら？　何か言わないとお前が何考えてるかわからんよ。このままだとどこの高校にも行けなくなるぞ。舐《な》めてたら、ほんとうに行けなくなるぞ。わかるか？」

お父さんは健太くんに畳みかけるように話しますが、そんな高圧的な話し方では、萎縮するだけで彼には何も伝わらないよと内心思います。そして、現時点で模試偏差値が五〇を超えている健太くんが、このままではどこの高校にも行けなくなるという事実はありません。そもそもどんなに成績が下がっても、いまどき行ける学校がなくなるということはないのです。このように、親というのは子どもにいい加減な脅し文句をたびたび使います。しかし、親の間違いを子どもの前で指摘するのは簡単ではありません。なぜなら、親のメンツをつぶしてしまうと傷つくのは親よりもその現場にいる子どもだからです。

「先生も本に書いていたじゃないですか。親がやれと言ったところで子どもはやらないって。私も言ってもしょうがないなと思うんですけど、言わないとこいつはほんとうにやらないし、いつもスマホばっかり見てるんですよ。スマホを与えた私の責任でもありますけど。」

いま、子どものスマートフォンの使用について業《ごう》を煮やしている親は多いです。スマホのせいで親と子の間に喧嘩《けんか》やトラブルが起こることもしばしばです。

「この前卒業した生徒が、受験生へのメッセージに「スマホは悪魔」と書いていましたけど、受験生がスマホとどう距離を置いていくかというのは、ほんとうに難しい問題です。特に幼いころからスマホになじんだ子どもからスマホを切り離すのは簡単なことではありません。彼らはスマホからあらゆる刺激を受け取っているという意味で、それはもう新たな感覚器官のひとつになっていて、だからこそ、身体化したそれを身から切り離すのは難しいです。その意味で、いまの子どもたちは私たちが経験したことのない大きな試練の中にいると言えます。経験したことのないことだから、まだ適切な処方箋《しょほうせん》がない状況です。だから、スマホを一方的に取り上げるのではなくて、スマホとの関わり方についてできるだけ具体的に本人と考えていくのが、現実的な線だと思います。」

「そうですよね。でもいつもダラダラYouTube《ユーチューブ》ばっかり見てるから、つい怒ってしまいます。こいつ、嘘つくんですよ。勉強してるふりして動画見てるんです。この前なんか、スマホ取り上げてたら、誰かから借りてきたタブレットで動画見てて、ほんとうに呆れますよ。」

嘘をつくということは、健太くんはすでにお父さんに対して無理をしている。その無理のほうを解消しなければ、同じことが繰り返される。そう指摘したくなりますが、本人もいる前で、お父さんに言うべきことを言うというのはほんとうに難しいものです。そういうときは、後でメールをしようと考えて実際にメールをすることもあるし、もう少しそのままにしておこうと判断することもあります。いつも悩みます。

最後に、健太くんはお父さんに急かされるがままに、細い声でこれからの学習目標を自分なりに精いっぱい話して、その日の面談は終わりました。終わってすぐに「お前はとなりの部屋で待っとけ」と健太くんを面談室から追い出したお父さんは、急に弱々しい声で話し始めました。

「先生の本は、ほんとうに身につまされました。これは俺のことだなぁ、と思って。」

私が以前書いた本を読んでくださったというお父さんは、そう言いながら泣いていました。

「怒ったらダメだと思うんですけど、難しいですね。健太にどう接していけばいいのでしょうかね。」

お父さんが急に泣き出したのを見て私は少し動揺しましたが、努めて冷静に答えました。

「ダメということではないと思うんです。ただ、健太くんがだらしない人間だから勉強しないというふうに責めるのはやめたほうがいいです。そうやって人格にかかわる部分を否定されると、どうせ僕はダメな人間だと思い込んで身動きが取れなくなってしまいますから。単に健太くんを観察して、健太くんの状況はこう見えるよとフラットに伝えるだけでいいと思うんです。親と子の間ではなかなか難しいかもしれませんが。そして健太くんが嘘をつくというのは、すでに何らかのSOSが出ている状況ですから、彼が嘘をつかないで済むようにしてあげたほうがいいと思います。」

お父さんは何度も深く頷きながら、ありがとうございますとその日は帰っていきました。でも、私が最後に話したことは、きっといまのお父さんには何も届いていないのではないか、そんな気がしました。

それにしても、私の前で急に泣き出さざるをえなかったお父さんが抱えている苦しみには、きっと深い何かがあるのでしょう。彼もまた、子どものころから抱えていた悲しみや怒りが晴れないまま親になり、不安なままで子どもと日々向き合っているのかもしれません。

いじめの関係をほぐす

健太くんが以前から仲良しだったはずの友人Kくんをいじめているという情報が入ってきたのは、もう私立高校の入試が始まった二月上旬のことでした。Kくんと学校でも同じクラスの女の子二人が、「健太くんは度が過ぎている、やりすぎでほとんどいじめだから止めないとKくんがかわいそう」と夜の授業が終わったあとに私に伝えてきたのです。

中一のころから健太くんとKくんがつるんで遊んでいることを知っていた私は驚きました。健太くんはいじめをするようなタイプではない、そう高を括《くく》っていた部分があったからです。授業の合間に二人が見せるやりとりも、男子にありがちな戯《たわむ》れの範疇《はんちゅう》だと思っていた私は、その内容を聞いてさらに愕然《がくぜん》としました。Kくんの筆記用具を壊すなどのほかに、学校の授業中にいきなり前に座っているKくんの背中を強く殴る、塾の帰りに押し倒したKくんの手足を自転車で轢《ひ》くという内容も含まれていて、健太くんが本当にそんなことを？　と、にわかに信じられない気持ちでした。

女の子たちからその話を聞いたとき、すでに夜の十時を回っていました。遅い時間の連絡になることに気を揉《も》みながらも、私はすぐ健太くんの家に電話をすることにしました。このようないじめ事案が持ち上がったら、まずは保護者に話を通さなければならないと考える指導者は多いのではないでしょうか。でも、子ども一人ひとりの生存について考えたときに、そういう一律の対応がかえって足枷《あしかせ》になることがあります。私はこのとき、健太くんの父親に話すのは良い結果を招かないという気がしました。だから、今日のところはまず健太くんとだけ話をしようと思い、電話に出たお父さんに、こんな夜分に電話して申し訳ないと謝罪したあと、健太くんと話したいことがあるから代わってほしいと伝えました。

「健太くん、心配してることがあるんだけど。」

「はぁ？」

「健太くん、この前、塾の帰りにファミマの前でKくんを転ばせて、自転車でKくんの手足を轢いたよね。」

こういうときは、事実をできるだけ具体的に伝えるのがポイントです。それは、この人は事実についての詳細を知っているからごまかすことは難しいというメッセージになります。初めが肝心です。初めに相手が嘘をつくことを認めると、そのあと事実を聞き出すことが難しくなるし、そのせいで率直な話ができなくなるからです。

「……はい。」

健太くんは数秒の沈黙のあと、はっきりと返事をします。私は彼を決して断罪しないこと、そしていじめのことを伝えてくれた女の子たちを保護することに注意を払いながら、次のように話します。

「健太くんはKくんと仲良しだから、二人はただいつもふざけあっているだけだと思っていたんだけど。実際、健太くん自身はいまもふざけてるだけと思っているかもしれない。でもね、少なくとも周りから見るとそう見えなくなってきているんだよ。今日、心配なことがあると話しに来てくれた子たちがいてね。彼らはね、健太くんを責めるようなことはひとつも言わなかった。健太くんのことを心配してたよ。受験のストレスとか、いろいろあるのかもしれないって。でも、いまのままだと、健太くんがいじめる人になるのは見てられないし、健太くんに絡まれてもKくんはいつもにこにこしているだけで、どう思ってるかわからない。それでも、Kくんは健太くんのことが好きで、健太くんを守る意味でもこのことを自分から先生に言うことはないだろうからと、言いに来てくれたんだ。だけど、自転車で手足を轢くのはやりすぎだから、ここで歯止めをかけとかないとKくんがかわいそうだし、健太くんのこともマジで心配だから、と言いに来てくれたんだ。健太くん、もうわかると思うけど、これはチクリとかじゃないんだよ。健太くんとKくんのことをほんとうに心配した人たちが、現状を変えるために言いに来てくれたんだよ。だからそのことを健太くんに伝えなくてはいけないと思った。その気持ちをわかってくれる？」

「はい……。すみませんでした。」

「Kくんのシャープペンを壊したり、授業中に後ろからいきなり殴ったりしたこともあったよね。」

「はい。でも、シャープペンのやつは、Kがその前に僕の定規を勝手に借りた上に折ったんです。だから、その仕返しです。」

こういう本音を感じさせるような言葉が出るのはいい傾向なので、彼の反論を聞いて私は少し安心します。

「そっか、わかった。健太くんだけが一方的に悪いとか、そういうことを言いたいんじゃないから。でも、いまの状況が客観的に見て周りを心配させる状況だということはわかるよね。健太くんが悪いとかどうこうとかいうより、自分がいつの間にかそうなっているということに気づいたほうがいいよという話。」
「わかりました。ありがとうございます。気をつけます。」

この日は健太くんとそんな話をして電話を切り、そしてそのあとすぐに「こんな夜分にすみません」と今度はＫくん宅に電話をして、彼に直接けがはなかったかなどの状況を確認し、さらにＫくんのお母さんに率直な現状説明をした上で、この件については私に任せてくださいとお願いして、その日の電話は終わりました。

ここで一つ追記すれば、このとき、健太くんを「いじめっ子」として扱わないのと同様に、Ｋくんを「いじめられっ子」として扱わないことが肝心です。Ｋくんのことを心配していることは率直に伝えた上で、周囲からはこう見えたという客観性を敢《あ》えて作り出すことで、彼に「いじめられっ子」というレッテルを貼ることを注意深く避け、彼が自分を否定的に規定せずに済むように留意するのです。子どもを「いじめっ子」「いじめられっ子」として扱うことは、それを子どもに内在化させてしまいます。いったんそれが子どもの心に沈着してしまうと、そこから抜けられなくなり、身動きが取れなくなってしまうものです。大人から「いじめっ子」、「いじめられっ子」として見られている私という立ち位置から逃れられなくなり、そのせいで自然な心の発露が妨げられます。その結果、正直に自分の言葉で状況を説明することが難しくなるのです。

だから、大人は「あなたは○○な子」というふうに子どもを規定するのではなくて、「あなたのことはよくわからないけど、○○な現象が起こっているように見えるよ」という アプローチを心掛ける必要があります。そうすれば子どもは、そうか、僕はあのときそう見えたのか、と客観的な目を通して、自分のことを規定することなくフラットに考えることができますから。(ただし、いじめについては程度の問題で、明らかに一方的な暴力行為が見られる場合には、まずは暴力を止めて加害者を特定することから始めなければ取り返しのつかないことがあるのは言うまでもありません。今回の例は、大人と子どもの間にある程度の信頼関係が構築されていることがその土台にあります。)

次の日の授業後に健太くんに声を掛けてみたのですが、彼はその瞬間にこっと笑って、その後はいつも通りにわだかまりなく話すことができてほっとしました。子どもの心に踏み込むときはいつも不安な気持ちです。子どもの性格や状況によってその反応は異なるので、決して慣れることなんかないし、自分がよかれと思ってやっていることに対しても自信や確信が持てないままです。私はとりあえず、昨夜の電話が彼に警戒心や不信感を与えていないことに安堵《あんど》しました。そして、健太くんとKくんの友人関係にマイナスの影響を与えることが気がかりだった私は、帰りに二人が楽しげに話をしながら帰っていく背中を見て、ああ、よかったと心から胸をなで下ろしました。しかし、これまでのKくんの言動からすると、今後もし彼に何かがあったとしてもKくんが直接私に訴えてくることは考えにくかったので、その後は、今回のことを伝えてくれた女の子二人に協力をお願いして、状況の変化についてヒアリングを続けました。自分ひとりの力では、どれだけ注意をしていても見逃してしまうことがあるので、複数の目と耳を確保することがいじめなどのトラブルへの対応には欠かせません。私が知る限り、健太くんとKくんの関係はその後、穏やかなものに戻ったようです。

この本を手にしている読者の中にも、子どもたちのいじめの問題について頭を悩ませている方がいらっしゃることでしょう。私の元にも、トラブルに遭っている子ども本人はもちろんのこと、本人以上に傷ついて心を痛めているお母さん、お父さんたちから、いじめや仲間外れなど、友人間のトラブルについての相談が届きます。

学校のいじめへの対処についての根本的な問題は、いじめが起こったときに、いったい何が問題だったのか、その根っこの部分を子どもたちに考えさせるための言葉や対処法を先生たちが持っていないことです。

いじめが起こったとき、「担任の先生は何もしてくれなかった。」といじめられた側の親はきまって言います。実際、学校の先生たちというのは何もせずに保身に走っているようにしか見えないことが多いものです。

でも実際は、担任は何もしないのではなく、何をする技術も持っていなくて、どうすればいいのかわからないという場合が圧倒的に多いのです。（不幸なことに！）

かつて、哲学者のハンナ・アーレントは「悪人というものを措定《そてい》したその瞬間に、悪の本性が隠される」と言いました。つまり、加害者という「悪人」を確定させて被害者に謝罪させればそれで解決したような錯覚が生まれますが、実際にはいじめというのは学校や学級の構造の問題であり、加害者だけを罰したところで、その構造にアプローチしなければ、決していじめの本性は見えてこないのです。そうやって、安易な謝罪で終わらせようとするから、再び同じことが繰り返されます。

悪いと思っていない子どもに謝らせてはいけません。悪い子がなぜ悪い事をするのか想像もせずに、悪い子という烙印《らくいん》を押したまま眺めているだけで、何かが好転するわけがありません。悪い子を悪い子として一方的に扱うのではなく、一人の人間どうしとしてお互いが出会ったとき、その子がなぜそのような行動をとったのかが次第に見えてきます。そのときに初めて、子どもは心を開いて、自分自身の話をし始めます。うまい着地点が見つかるかはわからないけれど、まずはその子自体と付き合ってみようとしなければ、状況は何も変わらないと思います。

学校の先生は、その場にいる子どもと子ども、子どもと大人の間の関係をしなやかにディレクションできる専門職でなければなりません。そうでなければ、先生たちは今日も泣きながら苦しんでいる子どもたちを助けることはできません。

でも、先生たちにこれをすべて任せるのは荷が重すぎるという現実も見逃せません。いじめを抑制できない先生は、自分自身が子どもにいじめられることに怯えながら日々指導をしている場合も少なくないのです。(熱意ある良心的な先生が学校という現場で潰されてしまうような現実を描いた作品として、ベストセラーになった『夫のちんぽが入らない』(こだま著)などがあります。)

先月お会いした、いじめ問題に熱心に取り組んでいるというある中学校の校長先生が、「うちの学校は「いじめゼロ」を目指しています」と言っていました。でも、いくら熱心な先生でも、急にいじめをゼロにすることは難しいでしょう。むしろ、いじめをゼロにするという目標が先に設定されると、ゼロにするという理念だけが先行して無理やごまかしが生じやすくなります。

いじめというのは、さまざまな要因から生じたひとつの結果として起きる現象です。つまり、いじめがなくなるというのは、結果的にそうなるということでしかなく、いじめを減らしていくには、いじめに向き合うというよりは、子ども一人ひとりの心と向き合うことが欠かせません。いじめにつながる要因をその都度摘んでいくことが大切だし、クラスで孤立する子がいれば、その子と手をつなぐような気持ちでいっしょにいまの困難を乗り越えるのです。

今回の健太くんのいじめの件は、相談に来てくれた女の子たちに助けられました。私は、このクラスの友人間にはいじめが起きることはない、一人ひとりがほんとうにいい子だから、そうどこかで高を括っていたように思います。子どもたちに愛着が生じると、同時に見えなくなる部分もきっとあるのでしょう。つくづく怖ろしいことだと思いました。

どんなにクラスに温厚な生徒が多くても、教員が適切な指導をしていたとしても、それとは関係なくいつでもいじめは起こる可能性があります。だからこそ指導者は、あらかじめクラスのできるだけ多くの子どもと信頼関係を作り、その信頼を土台にしたセーフティネットをクラス内に作っていくことが求められています。今回のことも、女の子たちとの信頼関係があらかじめ築かれていなかったら、問題にいつまでも気づかないままだったかもしれません。指導者がいじめに気づいて子どもに手を差し伸べられるかどうかは、ほんとうに紙一重の差なのだということを思い知ります。子どもの生存を守るために、これからもできるだけ一人ひとりとの関係を大切にしたいと祈るような気持ちで考えています。

健太くんのいじめについてはひとまずの解決を見たとはいえ、その後も私の心の中では疑問がくすぶり続けました。温厚と思っていた健太くんが友人に対して暴力を振るったことが、いまだにうまく呑み込めなかったのです。そのことについて考える機会を得たのは、その出来事の翌月のことでした。

入試と父の暴力

三月の公立高校入試を二週間後に控えたある日のことです。朝の六時半に起きて寒さに震えながらパソコンのメールボックスをチェックしてみると、健太くんのお父さんからメッセージが届いていました。

入試期間中のお忙しい時期に失礼いたします。今日は、現在の息子と私の状況について相談させていただきたく、連絡を差し上げています。

おとといの金曜の夜に息子と衝突することがあり、それをきっかけに私は息子にまともな食事を与えず、会話もほとんどできていません。私のいまの正直な気持ちを申し上げれば、彼が入試に失敗したらいいと思っていますし、高校に行かなくてもよいとさえ思っています。

なぜこのような状況になってしまったのかと言えば、金曜の夜に、健太が勉強しているふりをして、こっそり動画を見ていたからです。息子が動画を見ているのを咎《とが》めたのは、先週だけで二回目でした。先々週に私立入試の合格が決まったあと、公立入試が本命だからがんばろうと話をしたわずか二日後に、健太が友達からわざわざタブレットを借りてきて動画を見ていたので、すぐにその友達に返させました。そして先週の水曜日、また同じ友達から同じタブレットを借りてきているのを見たので、叱責してすぐに返してくるように息子に言いました。それなのにタブレットを返さないまま、おととい私に隠れて動画を見ていたのです。

息子に、返したはずのタブレットをなぜまだ持っているのか？　そしてなぜまた動画を見ているのかを聞いてみましたが、息子からは何の答えも返ってきませんでした。

その瞬間、私は感情を抑えられず暴力を振るいました。息子の頬を拳《こぶし》で三度、四度と殴りました。彼はその場に倒れ込みました。しかし、私がいくら殴っても叩いてもこの子は更生しないと思い、いまは息子に対する親としての感情を捨てようと決意しました。

これまで三年近く先生にお世話になり、受験生として何が大切なのかを教えてもらい、家庭では息子に将来のことを真剣に考えるように促してきました。息子と話し合って受験する高校を決め、最後まで全力を尽くそう！　と私なりにせいいっぱい応援してきたつもりでした。

今回の件がなければ、当然最後までお世話になるつもりでした。本人が塾に行くことを嫌がることは一度もありませんでしたので、最後まで先生のところでがんばってもらうつもりでいました。でも、このような始末ですので、先生には申し訳ありませんが、今日の授業をもって退塾させていただきます。明日以降は一切塾の授業に参加させないつもりです。

入試期間中に大変申し訳ありませんが、私の考えについて疑問に思うところがありましたら、遠慮なく進言していただけましたら幸いです。長文になり大変失礼いたしました。これまでの先生の御指導に厚く感謝いたします。

私はこのメールを読んで、どう対応したらよいか迷いました。まともなものを食べさせていないのは虐待同然なので、すぐに家に駆けつけるなり、電話するなりすべきではないかと考えました。お父さんからのメールは、深夜二時に送られたものでした。ということは、お父さんは即時の返信は期待していないだろうし、内容はともかくも文面は冷静です。あのお父さんならなんとか大丈夫だろう、もうこれ以上ひどいことにはならないのではないか、そういうぎりぎりの信頼に基づき、うーむと迷いながらも、家に駆けつけることも電話することもやめました。そして、健太くんのたよりない表情を思い浮かべながら、はやる気持ちを抑えてお父さんに返信しました。

メールを拝読しました。まず、健太くんにまともな食事を与えていないとのこと。すぐにこれまで通りに食事をあげてください。そして、暴力を振るわれたとのことですが、どのような理由があっても、手を上げるのはやめてください。

お父さまは、「いくら殴っても叩いても、この子は更生しない」と書かれていますが、更生させるための手段として、殴ったり叩いたりすることが有効なわけがありません。自分の尊厳が脅かされているとき、人はまじめになるのではなく精神をねじ曲げます。そうしないと生きることに耐えられなくなるからです。

健太くんが隠れて動画を見ていたことと、お父さまが彼を殴り食事を与えなかったことはまったく釣り合いが取れていません。お父さまはすでに判断のバランスを崩しています。彼がそれほどひどいことをしたとは私には思えません。そもそも健太くんが隠れて動画を見ていたからといって、なぜ勉強していないと言えるのですか？　お父さまは常に健太くんを信頼できないというお気持ちがベースにあります。これは健太くんにとってはかなりしんどいことです。

健太くんが隠れて動画を見てしまうのは致し方ないと私は思います。なぜなら、健太くんはお父さまから信用されていないことを知っているからです。信用されていないことに絶望しているから、彼は嘘をつくのです。お父さまが健太くんを信じないから、健太くんもいつの間にかお父さまのことを信じなくなりました。その結果、彼は嘘をついたのです。彼が嘘をついたのは、お父さまが彼をそれだけ追い詰めた証しです。自分が先に裏切っておきながら、相手に裏切られたらキレて暴力を振るうなんてあまりに残酷です。お父さまから理不尽な暴力を振るわれたことは、健太くんの心の傷になるでしょう。彼がもしお父さまのことが恐くて直接怒りをぶつけることができなければ、その怒りは他の誰かに向けられることになりかねません。ですから、どのような理由があっても、彼に手を上げるのはやめてください。

健太くんは実際よく努力しています。今年に入って模試でたて続けに自己最高得点を更新しましたし、先月の私立入試でも存分に力を発揮して立派な結果を残したのはご存知の通りです。特に最近伸びたのは、以前は苦手だった英語です。たくさんの英単語が頭に入ったことで、長文の読みが正確になりました。また、過去問に多く取り組んだことで、丁寧な答案をつくることができるようになり、結果的にそれが確実な得点に結びついています。英語は継続した努力がなければ伸びません。最近の彼の答案を見れば、健太くんのがんばりが本物であることがわかります。私が彼のがんばりの一部しか見ていないように、お父さまも彼のがんばりの一部しか見ていないのではないかと思います。いまのお父さまのやり方は、これまでの彼のさまざまな試行錯誤と努力を全否定しかねないものです。このタイミングで塾を辞めさせるのは、彼に懲罰を加え、精神的にダメージを与えるという意味しかなく、それはあまりに一方的ではないかと思います。

お父さまはこれまで、健太くんに熱意を持って真剣に接してこられたのだと思います。でも、それは健太くんの「いま」を見ずに、むしろお父さま自身の「ちゃんとした親でありたい」という自己防衛のためになされたがんばりだったのではないでしょうか。「親としての感情」というのはやっかいなものです。お父さまは健太くんのためにがんばってきたようで、実はそれが極めて自己中心的な働きかけであったことにお気づきになっていないのではないでしょうか。

健太くんは「いま」を無視され続けたから、そしていつもがんばれないのを自分だけのせいにされ続けたから、身動きが取れなくなったのです。ふだんから「いま」を無視され続けている子が、自分の未来のために積極的に動けるわけがありません。親から「俺の意志に従え」と暴力的に扱われ続けた子どもが、自分の意志を持てるわけがありません。お父さまは表面上子どもの意見を尊重しているようにふるまいながら、実際には自分の意志に逆らうと、暴力を振るってでも彼を無理に「更生」させようとしてきたのです。お父さまは、ふだんから子どもが自分の意志を持つことを抑圧しておきながら、同時に自分の意志を持つよう子どもに要求しています。このような矛盾は、健太くんにとって地獄です。お父さまが彼に要求し続けてきた「自分の意志」は、結局のところお父さま自身の価値観の押しつけでしかありません。健太くんが「がんばっていない」のは、お父さまの見立てにすぎません。そのことに一刻も早くお父さまが気づき、健太くんとの関係を結び直されることを切に願います。

塾をお辞めになることについては、ご家庭の判断にお任せします。以上、私が思うところを率直に申し上げました。健太くんの公立入試が良きものになりますように。

健太くんのお父さんのようなまじめで熱心な人が息子に暴力を振るうのは意外なこと

のようで、むしろ自分の正しさを信じているがゆえにその行為が正当化されていて、そこに暴力の恐ろしさがあるのだと改めて気づかされる出来事でした。他人に危害を加えそうにないと思っていた健太くんがKくんに暴力行為をはたらいたことも、彼が父親から暴力を叩き込まれていたことを知った後には、そういうことだったのかと腑に落ちるところがありました。

健太くんのお父さんが暴力を振るったことをわざわざ私にメールしてきたのは、お父さんにとってのSOSだったのかもしれません。私は健太くんの顔を頭いっぱいに思い浮かべながら、怒りを抑えられないままお父さんに返信をしたのですが、返信をした後には、お父さんの心の痛みについても考えずにはいられなくなりました。面談の直後に声を詰まらせ泣いてしまったあのか弱い心は、いまどうなっているのだろうと考えました。いくら考えてみても想像が及びませんでした。

次の日、お父さんから冷静な文面のメールが返ってきました。「返信いただいた言葉の中には、共感できるところもありましたが、私は間違っていないと思うところもあります。」「先生にはうちの事情がわかっていない部分もあると思います。」「食事は今日からきちんと与え、彼と話し合ってみます。」「健太には最後まで塾に行かせます。」そのような内容のメールでした。
その返信を見たすぐ後の授業で会った健太くんに「家でちょっと大変なことがあったでしょ。」と声を掛けると、彼は悲しそうに笑いました。その表情から、彼はいま自分に起こっていることを、彼なりに精いっぱい理解しようとしていると感じました。健太くんは一言だけ「僕、大丈夫ですよ。」と言って、扉の向こうで彼を待っていたKくんといっしょに帰っていきました。

その十八日後に、健太くんは合格ラインを四十点も上回る高得点で、第一志望の公立高校に合格しました。

コミュ障と恋と物語り

人間は「コミュニケーション」を拒否することにおいて人間そのものである場合もある

大岡信「言葉の力」『詩・ことば・人間』

「先生、僕の大学でのあだ名、サイコパスなんです。ひどくないですか？」

「え、なかなかすごいあだ名、付けられたね。もとの名前（＝律《りつ》）よりあだ名のほうが長いやん。サークルかなんかで？」

「そうです。軽音部のメンバーの中で。」

「なんで、そんなあだ名、付けられたの？」

「いやぁ、空気が読めないとか、自分勝手で場を乱すとか、思い込みが激しいとか、いろいろ言われてるから。」

「空気が読めないというより、イヤだから敢えて読んでないんじゃないの？」

「それもあると思うんですけど。でも読めてるか、読めてないかなんてよくわからなくないですか？　サイコパスって言われたら、そうか、俺はサイコパスか、なんてちょっと考えちゃいますよね。」


律くんは中学時代からとても興味深い子でした。多彩な趣味を持っていて、父親の影響もあり、アッバス・キアロスタミ監督の映画を好んでいました。彼は中二の一学期にクラスでうまくいかなくなり、それから半年ほど学校に行けなくなりました。塾にはなんとか来ることができていましたが、不登校と目《もく》されている彼が学校では見ないのに塾にだけ現れるわけですから、その同級生たちとの関係にはさまざまな配慮が必要でした。同級生たちには、不登校というのは特別な人だけがなる現象ではないこと、誰にでも起こり得ること、律くんはとても魅力のあるおもしろい人間だということを話した上で、律くんがもし学級に復帰するときには、みんなが彼を守る防衛ラインを張ってほしいとお願いしました。これらを律くんの知りえないところで周囲の子一人ひとりに伝えていった結果、彼が半年後に学級に復帰したときは、想定よりスムーズにクラスになじむことができました。同じクラスにいたうちの教室の男子たち六人が、彼を積極的に受け入れて居場所をつくることで、彼の生存を守ったのです。律くんは元来勉強が得意で、半年も学校の授業に参加していなかったのにもかかわらず、成績は変わらず学年でトップクラスでした。

「なんでそんなに空気読むことが大切になっちゃったんだろうね。いまの若者たちはみんな草食で優しいとか言うけど、言い換えたら、みんな空気読むことに長《た》けてる、空気読めないとダメってことでしょ。でも、それって実は全体主義的だよね。だってその場にいる人みんなが共感してないとダメってことでしょ。でも律くんがそれに対してどこかで気持ち悪いって思ってるなら、それはむしろマトモだと思っちゃうけど。」

「しかも、コミュ障でサイコパスって言われてますからね。」

「え、コミュ障なの？　それさ、言語の矮小化された道具的かつ共感的使用であるコミュニケーションに対しての拒否反応が奇しくも障害とみなされることがある人、ってちゃんと省略せずに言ってほしいよね。」

学校やサークルでは、とにかく仲間同士がフィーリングを共有して、同じようなノリで同じことをがんばっていこうという考え方が支配的です。でも、そういう共同性になじめない人だっているのです。

「あはは、それおもしろい。でも、僕もさすがに虐《しいた》げられていると感じることがあるから、どうしても、自分と同じように虐げられている人たちに目が行くんです。いま大学の授業で、特別支援教育とか発達障害とかについて習っているんですけど、いやー、ちょっと抵抗ありますね。というか、あれ、ほんとうにダメだと思っているんです。教授も含め、あの、困った人を助けよう的な、やさしさプロジェクト的な、ああいうのがほんとうに無理で、こうやって人は、自分がやっていることに無自覚な「やさしい人たち」に虐げられ、蔑《さげす》まれるんだなと、他人事じゃない気持ちになるんです。障害を持った子どもたちがかわいそう、って気持ちでやってる人もいるけど、お前に発達障害の子の気持ちなんかわかるわけないだろ、と思うわけです。でも、そういうことを発言すると、めっちゃ空気読めてない、みたいな感じで責められます。せっかくみんなでいいことをやっているのに、私たちこんなにがんばっているのにと、まるで人でなしのように扱われます。いま発達障害の勉強をしてて僕が思うのは、こういう障害というのは作られていくんだなということです。いままではちょっと変わった人みたいな感じで終わってた人たちが、わざわざ呼び名を与えられて、カテゴリー化されることで、やさしく理解されたみたいな体《てい》を社会で作って、それであらゆる人たちを囲い込もうとしているんだなと。僕はそういうのは恐いしイヤだと思ったんです。」

律くんは半ば冗談にしても、いま事実として周りの人たちからサイコパスと呼ばれています。そのことと、社会が「よき理解者」として障害者を包摂《ほうせつ》してしまうことは、彼の中でつながっています。つまり、疎外と包摂は真逆のようでいて、実は根は同じだということに彼は気づいているのです。

ノーマライゼーションの社会では、「ノーマル」（＝つまり「普通の人」）という正解にそって、あらゆるものを平たく並べます。多様性を旗印にして、あらゆる雑多なものを認めて、い、い、るというふるまいをすることで、実質的にはすべてを「ノーマル」の中に回収しようとするのです。それは、「みんなちがって、みんないい」と嘯きながら、多様性をまるできれいなもののように美しくコーティングします。バリアフリーもそうです。それは他者理解の方法ではなくて、むしろ、あなたはあなたでいいわよ、私は私だから、というような冷たい棲《す》み分《わ》けを正当化、無害化する装置として機能している場面があるのではないでしょうか。そこで現実的に最も力が注がれているのは、ふるまいを洗練化すること、つまり問題の中身をより見えなくして「普通の人」たちに、より高度な正当性を与えることであり、それがいまの世の中に蔓延《まんえん》するあらゆるジェントリフィケーションと呼ばれるものの正体ではないでしょうか。

　これからの時代、さまざまな場面において問題の本質と呼ばれるものたちは、もっとずっと見えにくくなっていきます。ジェントリフィケーションとは、きれいごとで世界が覆い尽くされるという意味の標語です。とすれば、私たちはもっと「共感」というきれいごとを疑ってかかるべきではないでしょうか。


「でもさ、ほんとうはそういう安易な共感みたいなものに対する批判こそがマイノリティーのことを語る上で最初の基礎付けとして共有されるべきものだと思うんだけど。なんで、大学という専門研究の場でそこに踏み込めないのかな。」

「やっぱりそうなんですか？　僕はもうそれは大学では無理なのかなって諦めかけていたんですけど……。よくわからないんですけど、結局、みんな当事者ではないというか。自分のことを、「特別」な人たちを「支援」する人としか思ってないんじゃないですか。当事者にとってはそっちのほうが「ふつう」だってことが、わからないんだと思います。」

「うん、そうなのかもしれないね。あとは、もっと根っこの話をすれば、さっきのコミュニケーションの話だと思うけど。共感に対して疑いがない人たちは、言葉がコミュニケーションの道具であることに対しても疑いがないのかもしれない。でも、言葉っていうのはコミュニケーションから簡単に逸脱するものだし、一部の自閉症の人たちを見ていたらまさにそうだけど、言葉が言葉そのものとして走っていることがあるじゃない。言葉が次の言葉の刺激作用になることで、次の言葉を誘発してしまう、そしてそれが次々と連鎖してしまうような。あれってすごいと思う。哲学者の千葉雅也がデリダを援用して「言語がコミュニケーション機能を逸脱してそれ自体として走り始めると文学になる」みたいなことを言ってたけど、言語をコミュニケーション機能に限定してしまうと、確かに文学はなくなってしまうよね。逆に、言葉がなくたって広い意味でのコミュニケーションは十分に成立する。だから、コミュ障なんて単語は、本来のコミュニケーションの可能性からすると、とても限定的な意味でしか使われていないし、そもそもコミュニケーションという語で通常想定されている範囲は、共感が無条件に成立する、しかも共感がそうやって成立していることに皆が気づいていないという、管理制御された温室のような世界の話でしかない。コミュニケーションという語は基本的にそういう無批判なものだと思ったほうがいいと思う。」

「そう……ですね。僕もコミュニケーションという言葉、何かに巻き込まれている感じがして、使うのイヤなんです。僕、いまの話、一年前だったら、もうちょっとわからなかったかもしれないです。でもいまは、手に取るようにわかる気がしています。人は痛みを負うとわかることが増えますね。実は僕、半年くらい前に失恋したんです。そのときに、自分の視野の狭さを痛いほど知ったので……。」

律くんはそう言って付き合っていた彼女に振られた話を始めました。それは自分が全否定されてリセットされてしまうような、どうしようもなく苦しい経験だったそうです。でも、好きになったその女の子からは、出会ったときからいままで一度も、サイコパスと呼ばれたことはない、そう嬉しそうに、少し寂しそうに笑って、彼はその後も淡々と話し続けました。

彼とはキアロスタミの映画やテニスコーツの音楽の話などをして、深夜の三時になってようやくお互い帰路に就きました。その日は律くんと三年ぶりの再会でした。三年の間、お互いにまったく別の生活をして別のことを考えてきたはずなのに、久しぶりに会って話してみると、むしろ心を通わせ合える部分が増えているのはとても不思議なことです。もし、三年後にまた彼に会うことがあったら、さらにそのときとはまったく違う印象を受けるかもしれません。その日の彼の語りは、まだあまりに不安定なままどこにも着地せずに漂っていたからです。物語りの始まりはいつも、漂う言葉の断片であり、意味の判然としない詩のようなものなのでしょう。彼がそういうわからなさをそのまま抱えてとなりに座っていたことは、とてもありふれたことであり、でも一方で、きっとたった一度、あの夜だけのことなんだろうという気がします。

物語りとして完結しないままたよりなく生きること、つまり、語り尽くせないものや語りえないものを抱えたまま、偶然性に身を晒《さら》しながら生きることは、共感を前提としたコミュニケーションの現場から遠く離れた、自分独特の喜びを日々発見するような生き方なのだと思います。律くんのこれからに心からのエールを送りたい気持ちです。

彼女はそのままに世界を見ていた

産まれてきたその瞬間にあたし
「消えてしまいたい」って泣き喚《わめ》いたんだ

米津玄師《よねづけんし》「アイネクライネ」

「先生、お母さんが、入学金を払ってくれません。」

高校入試の全日程が終わり、自習室で勉強をしていたマリアさんが、そばを通りかかった私を呼び止め、小さな声でそう言いました。彼女の目の奥はしんとしていて、こういうことには慣れていると言わんばかりの、感情が消えてしまったような顔をしていました。

この日のちょうど一週間前に、彼女の第一志望の公立高校の合格発表が行われました。

結果は不合格でした。ということは、すでに合格を決めている私立高校の入学金をすぐに納めなければ行く高校がなくなってしまう状況にもかかわらず、彼女のお母さんはまだ入学金を払ってくれていないのです。その支払期限は、すでに一日過ぎていました。これはとんでもない事態です。そのまま放っておけば、彼女はどの高校にも進学できなくなって路頭に迷うことになります。

その日、彼女が自習室に来てからすでに三時間が経過していました。私に声を掛けるまでの間、彼女はいったい何を考えながらこの自習室で勉強をしていたのだろう、そう考えると胸に痛みが走りました。私は彼女の表情の奥に沈む果てしない心細さを想像しました。

私はすぐに彼女が合格した私立高校の事務局に連絡をして、いまからでも入金を認めてもらえることを確認した後、続けてマリアさんのお母さんに電話をかけました。

「私立のS高校も決して悪い学校ではありません。期限は昨日まででしたが、本日振り込みが完了すれば、入学を受け付けてくれるそうです。いまのマリアさんの実力ならば、きっとS高校でも成績上位でがんばることができますから。」

私が早口でそう話したとき、マリアさんのお母さんは拍子抜けするほど落ち着いた声で、「はい、わかりました。ご連絡ありがとうございます。」と応えました。それは、あらかじめ決められていたセリフを再生するかのような、極めて事務的な響きでした。

彼女はそのあと三月末で私の教室を去りましたが、四月の終わりに新しい制服に身を包んで、「先日はありがとうございました。」と挨拶に来てくれました。その日の彼女はいままでよりずっと笑顔が際立っていて、私は心底よかったと思いました。写真部に入ったと話す彼女が撮る世界はどんなものなのかを知りたくて、「写真を撮ったら見せてね。一枚じゃなくて、たくさん持ってきてね。」そう話したことを覚えています。

中学時代のマリアさんは、周囲に流されない子という印象がありました。というより、流されることを知らないと言ったほうがよいかもしれません。誰を拒むわけでもなく、ひとりだけ別の時間を生きているように見えました。クラスメイトからはどこかつかみどころがない子という印象を持たれていたのか、休憩時間にはいつもひとりで机に座っていました。そして少しでも時間があれば、文庫本を取り出して本の世界に入り込んでいました。

マリアさんが友人と話すのを見ることはほとんどありませんでしたが、それでも私に対しては少しずつ気を許すようになり、二年生になったころには、授業が終わるたびに話しかけてくるようになりました。彼女は学校のことや家庭のことなど、身近な人や出来事について話すことはほとんどありませんでした。その代わりに、例えば、高温の炎はなぜ青色になるのかとか、人類が火星に移住したとしても、重力が不足しているせいで子どもができにくいから絶滅するのではないかとか、そういう、彼女の生活と地続きの部分が見いだせない話ばかりをしていたことが印象に残っています。

彼女は高校に入って二度目の春に、もう一度教室に遊びに来ました。「いま小林秀雄を読んでいます。『モオツァルト』という本。」と言うので私は少し驚いたのですが、彼女が、小林秀雄の本には、周りの人が言わない私が思っていたことが書いてあって安心する、そう話していたのを覚えています。

マリアさんが通っていた高校を中退したと彼女の同級生から聞いたのは、それからわずか三カ月後のことでした。「あまり大きな声では言えないけど。」マリアさんと同じクラスだった男の子はひときわ声をひそめて話し始めました。「言いにくいんですけど……。援助交際をしてやめたので、学校中でうわさになっています。しかも最近はリストカットを繰り返していたらしいです。傷痕を人に見せたりするので、やばい人ってみんなから言われていました。」彼はそんな内容をいかにも他人事のように、「あいつ、マジやばい」と言いたげな表情で私に聞かせました。

私は、彼の表情に少し落ち込みながら、そう、マリアさんはそうなったのかと、いまの彼女の心の痛みをただ想像するだけでした。とにかく、いま彼女の中で大変なことが起こっているのだと考えて、彼女が生きのびることができますように、と祈るような気持ちにもなりました。

それから七年の歳月が経った三月のある日、二十三歳になったマリアさんから前触れもなくメールが届きました。

「先生、おひさしぶりです。来週の金曜に、福岡に立ち寄る予定があるのですが、お会いできませんか。」

何の変哲もない事務的な文面。余計な単語がひとつも書かれていないそれは、彼女の言葉に違いないと感触でわかりました。すぐに返事をして、近くのスタバで会って話をすることになりました。

久々に会った彼女は、髪が随分と長くなっていました。でもそれ以外は、最後に会った高校生のときと驚くほど何も変わっていませんでした。「私のことを知っている人がいない場所《ところ》に住みたくなって。」そう話す彼女は、いま東京の足立区に住んでいて、運送屋の仕事を手伝っているそうです。その日、私が彼女から聞いたのは、過去に母親からひどい言葉を投げかけられ続けていたという話でした。

私はいま、月に二回カウンセリングに通っています。二年前に付き合い始めた彼氏《ひと》から、行くように勧められたんです。一年くらい前に病院の先生から言われました。「あなたのお母さんはおそらく、子育てにもあなたにも興味がもてなかったのです。だから、あなたはとても寂しい思いを抱えて生きてきましたね。もしかしたら、寂しいという感情さえ知らずに生きてきたと言ったほうがいいかもしれません。そんな中で、いままでよく死なずに生きてきましたね。がんばりましたね。」そう言われて、私はずいぶん混乱したんですけど、時間をかけて少しずつわかってきたというか、もつれた糸がほどけてきたような感覚があります。

話をしているマリアさんが感情をはっきりと表に出すことはありません。とても落ち着き払ったその姿は、自身に対して冷淡すぎるのではないかと思えるほどでした。

「お前は汚いからあっちに行け」とか、「お兄ちゃんは頭がいいけどお前はバカ、バカは死ねばいいのに」「お前みたいな子、産まなければよかった」とか、母から毎日のようにそういう言葉を浴びせられていたんですけど、でも先生から言われるまで私は、それがひどいこととはあまり思っていなくて。というか、単に私が悪いから母親に怒られるんだと思っていて。

だからと言って、母親にまったく疑問がなかったわけではありません。高校入試の前日に熱が出たとき、病院に向かう車の中で、「こんなに迷惑をかけるなら死ね」と言われました。そのときは、入試の前日にこんなことになって私だって動揺しているのに、なぜそんなにひどいことを言うんだろうと思って悲しくなりました。リストカットをしているのが初めて見つかったときは、「そんなに死にたいなら私が殺してやろうか」と叫びながら包丁を持って部屋まで来て、それを振り回しながら怒鳴り散らされました。怖かったけど、こんなことになって母を不幸にする私はほんとうにダメな人間だと思いました。

マリアさんは時折苦しい表情を浮かべるものの、終始淀みなく話します。ただ、よく見ると彼女の左手の指先はせわしなく震えていて、その部分だけが彼女の心の揺れを露《あら》わにしていました。彼女は、母親に幼少時から受け続けた心理的虐待によって、精神と生命を脅かされてきたのです。

それでも、私の中での母は、感情的なときもあるけど優しいお母さんで、いっしょにお弁当を作った思い出とか、二人で共有したわずかな時間を繰り返し思い出すことで、なんとか自分を納得させていたのだと思います。いま思えば、母親の優しさに期待して裏切られるということをずっと繰り返していたんですけど、もしかしたら私の中では、そういう期待することができるという繰り返し自体が生きる支えになっていたのかもしれません。

「苦しかったね。」私はそう言いかけましたが、彼女に必要なのは共感ではないような気がして、出かかった言葉を呑み込みました。私はただ黙って頷きながら彼女の話を聞いていていました。

「被害者というのは、自分が被害そのものをストーリーとして生きる術《すべ》にしていることに無自覚なものです、あなたもその一人です」と先生は私に言いました。「被害者は加害者の良いところを見ようとして、いつまでも加害者を加害者のままに温存させます。だから被害者からいつまでも抜けられません」と先生は繰り返し言って、私に何が起こっているかを説明してくれました。私は被害者という言葉に強い抵抗があったのですが、先生が言おうとしていることについては、次第に理解できるようになったと思います。

彼女はそう言ったあと、唾をごくりとのみ込んで、はあっと息を吐き出しました。彼女は無感情なように見えて、きっととても緊張しているのです。

高校時代のリストカットも、自分の存在が希薄だと感じていたのと関わっていると言われました。でも、存在が希薄だと言われたところで、私にはよくわかりません。私は自分が存在していることくらい、わかっているつもりです。だから私は、何を意味して先生が「存在」という言葉を使っているのかという部分が、まだよくわかっていないのかもしれません。

目の前で淡々と話し続ける彼女の言葉を聞きながら、中学のころに熱心に語りかけてきた彼女、高校のときに小林秀雄を読んでいた彼女、そして、いま目の前に座っている彼女、そのいくつかの点が、一本の線でつながっていくのを感じました。彼女はなぜ、いま私の前でこんな話をしているのだろうと思いながら、不思議な気持ちで彼女を見ました。

マリアさんの両親は彼女が生まれてまもなく離婚しており、彼女には父の記憶がありません。マリアさんは幼少のころから、母親から心理的な虐待を受けて育ちました。どんなに泣き叫んでもほほ笑んでも、母親からは乏しい反応しか返ってきませんでした。

子が笑えば親も笑い、子が泣けば親も悲しい顔をするといった、親と子が互いに共感しあう経験は、子どもにとって「存在のゆりかご」と言うべきものです。その時期に親から得られた「存在の肯定感」こそが、主体性の土台になります。しかし、それを十分に得られなかった彼女は、生きているという実感に乏しい生を送ってきたのかもしれません。医師が彼女の存在が希薄と言ったのは、きっとそういう意味です。でも、彼女にとっては自分のいまの存在意識がすべてなのですから、この言い方は少し乱暴な気もします。

彼女が過去にやったリストカットは、おそらく「死にたい」「社会から降りたい」というような自殺願望とは根本的に種類の異なるものです。自殺願望は、自分が「社会」に参加していることを前提として、そこから落ちこぼれてしまう恐怖から「死にたい」という思いに駆られる形で表出しやすいものです。しかし、自分という存在が曖昧な彼女にとってのリストカットは、自らの存在の輪郭を確認するための作業であり、同時に、生まれ落ちたそのときから、あらかじめ否定されてしまった自己という存在を消したいという願望の表れでもあります。彼女は、初めから「社会」からこぼれてしまっていて、それでも「社会」と何とか折り合いをつけようとしたけれど、うまくいかずに疲れてしまって、もう消えたいと思ったのではないでしょうか。

中三のマリアさんが、進路希望調査の欄に「特に希望はありません。」と几帳面な字で書いて提出していたことを思い出します。あの文字は私を緊張させました。彼女は、未来に希望を抱くとか、将来に目標を持つとか、そういうことがよくわからないと、時折私に言っていました。(母親の前では決して言いませんでしたが。)一方で、他人と比較されることを人一倍警戒しているように見えました。そして、他人との交わりを好まないように見える一方で、すぐに他人の好意に身を寄せて依存する傾向がありました。こういう彼女が以前から持っていた特性も、彼女がいわゆる「社会」を前提としていない場所から声を上げていると考えることで、ようやく私の中で腑に落ちる部分がありました。

彼女は「社会」の共感を前提としていないから、他人と比較することなく、他人の評価に左右されることなく、人やものを、ありのままにそのままに見ていました。その意味で、彼女は私と同じ言語を使っているようで別の文法を持っていたのです。

私はマリアさんと話しながら、ずいぶん昔に忘れてしまっていたことを思い出したような気持ちになり、静かに胸を熱くしていました。そして、「存在のゆりかご」に甘えっぱなしの私には、目が曇って見えなくなっているものがあると気づきました。マリアさんは、身体を支えてくれる軸のようなものが確かではないという点では随分と心もとないのですが、でも、そのことがかえって彼女を閑《かん》とした美しさを湛《たた》えた透明な場所に立たせていました。二十三歳になった彼女と話しながら、私はそのことに気づきました。

幼少期の親子の同調関係は、私たちの「存在のゆりかご」として大切なものです。それを得たことで、私たちは「社会」という共感の関係を前提とした生に参入することができます。共感は、他者を理解すると同時に、そのことを通して自分の存在を確かめるための大切なツールです。しかし、共感を通して安定的な自分の見方を手に入れたせいで忘却の彼方に追いやられたものがきっとあるのです。「社会」に参入しているということは、それだけである文脈を選んで生きているということです。それなのに、自分の文脈を勝手に普遍化してしまうと、それと異なる文脈が見えなくなり、無自覚に自分と異なるものを無視して踏みにじってしまうのです。

私たちは「存在」を支えるよすがのようなものがないと生きていけない、もしくはとても生きづらいものです。私たち一人ひとりは、死を怖れながらよすがにすがって生きるたよりない存在です。「社会」もそういうよすがの一つにすぎません。それを忘れてしまっては、生きながらにして死んでいるようなものです。

一番身近にいる家族が（子どもが、親が、夫が、妻が）立っている場所のことを、私はいまもまだ知らないのかもしれません。それは想像するだけでとても寂しいことですが、一人ひとりが荒野に立っているという認識がなくては、私たちはほんとうに人に優しくすることなんてできないのではないでしょうか。

いまもすぐそばに、自分の知らない別の文法があるかもしれません。そしてもしかしたら、それはかつて私自身が手にしていて、あるときに失ってしまった文法かもしれません。私たちは一生をかけて、その文法を思い出そうとしているのかもしれません。

そのことをいつも心の片隅に留めておくことは、他者と関わる上で最も大切な土台になるものだと私は信じています。

*

マリアさんと会った一週間後に、教室に彼女からの手紙が届きました。以下にその全文を掲載します。

先生、この前はお話しができて楽しかったです。ありがとうございます。あの時に話すことができませんでしたが、私はいま、ひろという二歳年上の人とお付き合いをしています。

彼といっしょにいると幸せなのかなと思うことがあります。私も幸せになってもいいんだ、と自分に言い聞かせてみたりもします。でも、怖いです。そうやって期待することは怖い。裏切られるかもしれないから怖いのかな？　違う。そんな先のことは考えられません。私が彼に期待するということは、私が私ではなくなるということだから、怖いのです。

彼に甘えようとする自分を殺したいと思います。私には、生まれてからずっと、人からの愛情を受け取ることができないという欠落があります。私の人生を決定的に損なってきたその性質はもうどうしようもなく、いまさら取り返せないことです。

彼といる幸せな瞬間の手ごたえを、私は必死につなぎとめようとします。そして、彼も私も互いに無理をして、相手に合わせようとします。私は愛情を受け入れられないのに、彼に期待をしています。そのうち、彼も私も疲れ果てて、きっとすべてがダメになってしまうんだと、いつもそのことばかり考えてしまいます。

ひろと暮らし始めて三カ月が経ちました。彼といっしょにいると、日々思いがけない発見があります。それをひろに伝えると、彼は「そんなことは当たり前じゃない」「それに何の意味があるの?」と言います。そういう彼の反応に、私はいつも不機嫌になります。自分が「何もわかっていない」人間で、ずっと底辺のそれ以下の世界にいた人間のような気分になり、とても惨《みじ》めになります。そんな私に戸惑っているひろの表情を見て、私は彼にとっての異物なのだと感じます。彼からいろいろな誤解を受けるたびに、私はいまも絶対的にひとりなんだということを思い知ります。

私が母から受けてきたのは心理的虐待でした。それによって、私は何かを損なってしまったようです。周りの人も、そして私自身も、そのことにまったく気づいていませんでした。私は母のことを、時々怖いけど、優しくて叱らない人だと思っていました。けれどあの人は単に、私に対して無関心で理解を示さない、そのときの気分だけで子どもを責めるような一方的な人であり、つまりは子育てをする能力に欠けた人でした。

単に無関心だったなんて。私は自分自身が作り上げた「優しい母親」像と、実際の「冷たい母親」のギャップを恐れ、あらゆる先回りをして母に取り入ろうとしていました。そして、そのたびに裏切られて恐怖を募《つの》らせていたことが、いまならわかります。「裏切られた」というあの気持ちさえ、私が作り出したものでした。母は、ただ私に関心がなかったから反応しなかっただけなのです。でも、私は「ほんとうは優しいはずの母に裏切られた」というぎりぎりのストーリーで自分を支えようとしていました。それは「見捨てられる」という恐怖心をいつも自分に与え続けるストーリーなのに、私はそれさえも自分が生きのびるために必要としたのです。こんなことを考える私は、あのときの自分と少しは距離が取れたのでしょうか。でも、その私を失ってしまったら、私はこれから生きていけるのでしょうか。

言葉を発したとたんに、その言葉が私のものではなくなると感じます。この手紙を書いているいまもそうです。私はいつも、私自身から疎外されます。自分が発した言葉と交わることができません。そんなものは嘘だ、偽りだ、そんなものは無いと思います。私はいま混乱しながら先生に手紙を書いています。私は見捨てられるという恐怖心を糧《かて》に生きてきました。だから、言葉や感情を受け入れるということが、自分であっても他人であっても、それがどういうことなのかよくわかりません。私はひろに対しても、ほんとうのことは何も話せません。すべてが嘘だ、いや、嘘がすべてほんとうだと思います。こんなこと、おかしいですよね？　もう、自分でも何がなんだかわからないのです。私にはいくつものわからないが重なり合っていて、どうしようもなく動けなくなっています。

どれだけひろに「好き」と言われても、私には戸惑いしかないし、素直に喜ぶことができません。彼には他にもっといい人がいるし、なぜ私なのか理解できません。ひろは私の言葉を何かと解釈しようとするけど、彼が話すことは、言葉は同じでも私が話していることとは別のことです。それは単に彼が言っていることにすぎず、私とは交わりません。

私たちの間にある決定的なすれ違いが彼を狂わせます。ひろは存在を全否定されたと踠《もが》いて叫んでいます。でも、苦しんでいる彼を見て、私は初めから絶望しているから、あなたみたいにはならないよ、と思います。絶望している彼を見て、この人には希望があるのだということを知ります。

希望の芽をことごとく摘んでいく私は、いつか彼を破滅させてしまうかもしれません。それでもやっぱり、私はここから一歩も動くことができません。彼に手を差し伸べることは私にはできません。

私はいままで「好き」ということがわかりませんでした。でも、ひろと出会って、彼が好きなまいたけうどんが好きになりました。そして、彼のとなりで眠って朝を迎えたときに、幸せだと思いました。私はそのとき、生まれて初めてすっかり安心していました。うどんをおいしいと感じて、そしてぐっすり眠れるというのは、こんなに幸せなことなんだ、そう思いました。私は朝の光を感じながら、ふとんでひとり小さく泣きました。哀しみの塊が少しずつ溶けていくのを感じました。

私はここにいるべき人間ではない。いつの間にかそうやって、自分の存在を消して生きていました。存在を失くしたまま生きていたなんて、私は、ほんとうに哀しい。私はいまここにいる、その感覚をひろが教えてくれたおかげで、それに気づきました。私は、ただただ哀しくて、哀しさを埋めるために他人に期待して余計に惨めになる、それを繰り返してきました。でも、哀しいことが惨めなのではありませんでした。私は惨めだから消えたいと思っていたけれど、哀しい、はただ哀しいだけで、その感情自体に罪はありませんでした。何が私を苦しめてきたのか、それがようやく見えてきた気がします。
私はずっと、生きていることに苦しさを感じていました。
私はきっと、生まれながらに消えてしまいたかったのです。
恐怖に怯《おび》えながら、私は誰かを探し求めていました。
私に存在を与えてくれる人を待っていました。

私は、ひろのために何ができるでしょうか。彼の塞《ふさ》ぎ込んだ心に、色を添えることはできるでしょうか。私は彼の名前を呼んでもいいのでしょうか。自分を愛することを知らない人間が、人を愛することを試してもよいのでしょうか。

脈絡のない手紙を書いてすみません。先生は私に言葉を与えてくれました。
またいつかお会いしたいです。

マリア

出会い方

出会い方ってあるでしょう
その人の醜いところとか、嫌なところばかり見えることがあるでしょう

でも、それって、出会い方が違っただけで、
一八〇度、違う見方になっていたかもしれません
その人に感動して、大好きになっていたかもしれません

だから、私は、その人をひとつの見方でしか見ていないということを、
いつも考えるようにしようと思います
決めつけないようにしようと思います

逆に、私自身が、他の人にひとつの色に塗られてしまった、
負の烙印を押されてしまったと、感じることがあります

でも、それだって、単に出会い方が悪かったんだと思えば、
自分をことさら否定せずに済みます
出会い方で決まっているだけと思えば、少し楽になります

クラスで居場所がなくなる子がいます
会社で仕事ができないと指をさされ、孤立する人がいます

でも、それだって、単に出会い方の問題です
だから、あなたの尊厳は、あなた自身で大切に守ってください
そして、人を決めつけて、その尊厳を蝕《むしば》まないでください

自分自身の弱さと醜さは、
決して他人に暴かれるものではなく、
いつも、自分自身の内なる課題であるべきです

これは先月、高一のさち枝《え》さんと、お互いにぽつぽつと話をつないでいたときに、二人で重ね合うように出てきた言葉の断片です。

さち枝さんはこの日、仲がよかった同じクラスの女の子五人でつくったＬＩＮＥ《ライン》のグループから、彼女一人だけ外されていました。二学期から転校してきたＳさんがそのグループに入ったあたりから距離を取られるようになり、とうとうグループから弾かれたのです。

居場所がなくなったからといって、あなたが悪いというわけではないよ。たまたまそうなっただけなんだから。そのことを子どもたちと共有することがあります。他人の顔色をうかがって反省するよりも、ただひとりの自分に戻るほうがいい。人に弾かれてしまったときは、人がひとりの場所に戻るチャンスかもしれないと思っています。

孤独という避難所

愛はいらない。さみしくないよ。ただきみに、わたしのせいでまっくろな孤独とさみしさを与えたい。

最果《さいはて》タヒ『死んでしまう系のぼくらに』

日に日に秋が深まってゆくある日の夜、授業が終わって私の前にひとりぽつんと座っていたのは、高一の靖子《せいこ》さんでした。その日の夕方、彼女のお母さんから相談の電話がかかってきていました。学校で人間関係がうまくいかず、とても落ち込んでいる。塾はなんとか行けるけど、学校には行きたくないと言っているから、もしよかったら話を聞いてやってもらえませんか。電話はそういう内容でした。私のほうも、最近彼女が以前より元気がないことが気になっていたので、授業後に声を掛けて話を聞くことにしました。

「最近、元気がないように見えるけど、どうした？」

「いや、なんとなく学校が楽しくなくて。最近、ああ、友達いらないなって本気で思う瞬間があるんです。」

「何か、きっかけとかあったの？」

「きっかけ……。というか、私は、友達はたくさんいて親しくしていたんですけど、でも、友達といっしょにいる私って何か薄っぺらいな、というか、私がどんどん薄まっていって自分がわからなくなってしまう感じがあるんです。そのときの人や状況に合わせた言葉を使うことって怖いです。それを繰り返していくと、自分が「みんな」に近づいていく。そうやって、いつの間にか私が薄まってしまう。じゃあ友達と離れてひとりになって考え込んでみても、でもそれはたまたまそのとき友達から切り離された状態の私でしかなくて、もう昔とは、少なくとも生まれたときの私とは、たぶん別の私なんです。言葉というのは簡単に人を定義づけてしまうけど、ほんとうは私も他の人も、そんなに簡単に理解できるような単純なものではないと思います。でも、私はすでにそういう言葉のせいで損なわれてしまっていて、きっともう、学校？　社会？　友人関係？　よくわからないけど、私はそういう大きなものの一部としてしか機能しなくなってしまっているという感覚があります。自分がいつの間にか自分でなくなってしまった感覚、他人にいつの間にか乗っ取られてしまった感覚というのは、とても気持ち悪いです。だから、友達といてもそういう感覚が思い出されるだけだから、すぐにひとりになりたくなります。友達もういらないなって思うときがよくあります。」

彼女の返答は私の想像も及ばないものでしたが、私は彼女の話をもう少し聞いてみたいと思いました。

「そういう私を喪失した感じというのは、寂しさを伴うものなの？」

「寂しさ……。うん、きっと寂しいんだと思います。でも、その寂しさに対して私は割と冷静ですよ。私は孤独を自分で守りたいと思っているんです。」

「孤独は決して否定されるようなものではない？」

「……というより、孤独は逃れようがないじゃないですか。友達がとなりにいて、いっしょに笑っていても私は孤独ですよ。生きている限り孤独は私と共にあるじゃないですか。」

「うん、そうかもしれない。だからこそ、他人と傷を舐め合うような形でお互いの孤独を埋めようとしたところで、おそらくそれはうまくいかない。むしろ相手の孤独を尊重するような形で共に生きていくことしかない気がする。」

「そうですね。尊重することなんて、私にできるかわかりませんけど……。私がさっき自分の孤独を守りたいと言ったのは、先生がいま言ったことと同じような意味だと思います。」

その夜、靖子さんとはそんな話をしました。どこかぎこちないままで、宙に浮いたようなよくわからない話をしている、そういう手探りの対話の中で、それでも、どこかで瞬間でも手を結べたような気がする、そんな感覚が残るのは幸福なことです。私はこの日のことを、いまも昨日のことのように思い出すことができます。

その日、靖子さんと話しながら私は、この世界にはきっと孤独が不足している、そんなことを漠然と考えていました。自分の孤独を深めることをせずに一時の享楽に甘んじてばかりいるから、私たちはいつまでも同じことを繰り返しているのではないかと。

私たちは不安で苦しくなると、一刻も早くそれを解消して安寧を得ようと動きまわります。でも、動きすぎてはいけないのです。動いて手に入るものはいつでも手に入れたいものの代理物であり、その動き自体が新たな動きを呼び起こします。そうすると、いつまでも動いていなければならず、だからすぐに苦しくなってしまうのです。

孤独は、動きすぎる私たちにとっての避難所です。孤独によって、私たちは世の中に在りながら、同時に世の中から切断されます。靖子さんも、学校に通いながら、同時に学校から切断された場所にいました。彼女はそうやって自分を守ったのです。

孤独は、社会とつながりながらも、個として生きのびる術を私たちに教えてくれます。この孤独の同時性こそが、私たちが社会に在りながらも個としての生を享受することを可能にします。

私が「孤独」という言葉を聞いたときに、いつも最初に思い浮かべるのは、谷川俊太郎がバカボンのパパに託して書いた一篇の詩です。

自分トフタリッキリデ暮ラスノダ
自分ノパンツハ自分デ洗ウノダ
自分ハ自分ヲ尊敬シテイルカラ
ソレクライナンデモナイノダ
自分ガニコニコスレバ
自分モ嬉シクナッテニコニコスルノダ

自分ガ怒ルト自分ハコワクナルノデ
スグニ自分ト仲直リスルノダ
自分ハトッテモ傷ツキヤスイカラ
自分ハ自分ニ優シクスルノダ
自分ノ言ウコトサエキイテイレバ
自分ハ自分ヲ失ウコトハナイ
自分ハ自分ガ好キデ好キデタマラナイ
自分ノタメナラ生命モ惜シクナイ
ソレホド自分ハスバラシイノダ

谷川俊太郎『谷川俊太郎エトセテラリミックス　新装版』

日ごろ気疲れしているときは、たいてい他の人の評価を気にしていたり、他の人に腹を立てていたりします。でも、そんなときこそ投げやりになることなく、「自分トフタリッキリ」で自分の孤独な心と対話しながら、しかるべき道を見定めていきたいと思います。

バカボンのパパの「これでいいのだ」は、私たちの心を蝕む自己否定に対する最大の対抗手段です。それは決して開き直りではなく、諦念《ていねん》でも思考停止でもありません。それはむしろ、否定の悪循環を停止する意志を持ち、そういった意志を持つ自分を頼みとすることが、私たちの生きる術であり、ひいては私たちの幸せにつながるということを示唆《しさ》しています。「これでいいのだ」は、私たちが重苦しい自我の世界から解放されて、軽やかになるための祈りに似た言葉です。

大人の葛藤の中身

2

子どもは簡単に自分を責めてしまう

小六の寿焼《としあき》くんは文字を書くのにとても時間がかかります。漢字をひと文字書き終わるのに他の子たちの三倍くらいの時間がかかるし、よっぽど集中して書かないとすぐに文字が乱れてしまって、書いている本人さえ読めない文字になってしまいます。五年生の夏休みに、学校から漢字の書き取りの宿題が二百字×四十ページ分出ました。寿焼くんは最初の五日はがんばってやってみたのですが、そのあとはつらすぎてやめてしまいました。夏休み最後の日、お母さんにもう少しだけやろうと言われて、なんとか追加で三ページ書き上げました。算数や社会など他の宿題はがんばって全部仕上げていましたが、漢字だけは三十二ページも残ってしまいました。

次の日、寿焼くんは学校で担任に呼び出され、なぜ漢字の宿題が全然終わっていないのかと問い詰められました。そのとき彼はとっさに嘘をつきました。「Aくんが僕のノートを持って帰ってできませんでした……。やりたかったけどノートがなかったので

2
大人の葛藤の中身

……できませんでした……。」寿焼くんはそう言いながら泣いてしまいました。嘘をついている自分がどうしようもなく不憫《ふびん》でなさけなかったのです。その後、嘘は簡単にばれてしまい、担任から、「どうして嘘をつくんだ、Aくんに謝りなさい。」と責められました。担任から家に電話がかかってきて両親にもそのことが伝えられ、「なんでそんな嘘をつくの？　嘘だけはだめよ。」お母さんは泣きながら寿焼くんにそう訴えました。

寿焼くんは、この日を境に何も勉強しなくなりました。そんな彼の様子を心配した両親は相談して、それまで厳しく時間を制限していたゲームを数日だけと思って自由にさせてみました。するとそれ以来、寿焼くんはゲームから離れなくなりました。一日に七、八時間、時に十時間以上ゲームに没頭して、チャット画面の向こう側にいる人たちといつまでもやりとりをするようになりました。寿焼くんは学校にも行かなくなりました。学校よりも自分にふさわしい世界を、彼はゲームの中に見つけたのです。

これは、大人に追い詰められた一人の子どもの姿です。ほんとうは、彼が嘘をついてしまう前に、大人たちが彼を守るべきでした。誰かが彼のがんばりをちゃんと認めてあげるべきでした。書くのが遅い寿焼くんにとって、宿題はとてもしんどいものです。仕上げるために集中力をひと一倍発揮しなくてはならないのもつらいし、一生懸命に文字を綴《つづ》ったところで他の子より字がきれいじゃないのも自分で嫌な気持ちになります。それでも、彼は漢字以外の宿題は全部やり遂げました。十分にがんばったのに、それでも彼は漢字が終わらなかった自分が悪いと思っているから、追い詰められて嘘までついてしまいました。がんばったのにこんなことになるなんて、ほんとうに悲しくなります。

学校で宿題がクラス全員に同じ分量出されることは、平等なようでそうではありません。同じ量の宿題が出たところで、それがすべての子どもにフィットするわけがないのです。だからそのせいで宿題ができていない子がいたら、宿題の出し方が悪かったねとその子が自分を責めないで済む方法を考えてあげなくては、子どもは一方的に傷つくばかりです。そして、こういう経験をした子どもたちが勉強嫌いになることは目に見えています。さらに言えば、こういった理不尽さをしぶしぶ受け入れた先で子どもたちが自分の人生を手放し、自己防御のためのこわばりだけを手に入れるとすれば、しかもそれが結果として彼らの道行《みちゆき》を仄暗《ほのぐら》いものにするとすれば、こんなに悲しいことはないのです。

しかし、これと同じようなことが、日本のあらゆる場所で毎日起こっています。こうやって子どもが傷ついたとき、たいてい大人には悪気はないものです。しかし、この大人の悪気のなさ、つまり鈍感さこそが問題なのかもしれません。大人はなぜ簡単に子どもの心の大切な部分を損なうようなことをしてしまうのか、もう少し原理的に考えるべきではないでしょうか。でなければ、子どもは何度でも損なわれてしまいます。

今回のことでは、初めから学校の宿題が彼に合っていなかったのが問題でした。それは宿題を出した先生の配慮が足りなかったところに不備があったわけですが、もっと広く捉えて学校の宿題というシステムそのものに問題があるとも言えます。

親は自分の子どもを育てる力に自信が持てず、そのために子どもを通して自分に責任問題が降りかかることをいつも怖れています。そのせいか、何か問題が起きるたびに、うちの子どもが悪い、はたまた自分が悪いと極端に自罰的になりがちですが、そんなときに少し見方を変えることができれば、そもそもそういう問題ではなかった、初めから問題の設定自体が間違っていたと気づくことができるはずです。何でも自分に引き寄せて考えてしまうのは、自分の思考がそうさせているだけなので、それをいったん手放すだけでしんどい気持ちから立ち直れるかもしれません。

子育てに正解があるという考え自体がひとつの思い込みであり、実際には、親も子も自分に与えられた環境の中で、その都度必死に対応しているに過ぎません。むしろ、いつでも解決を求めて正しく生真面目に対応しなければと思うから、状況を悪化させてしまうのです。

正解らしきものを事前に用意しておくことが役に立つこともあるでしょう。でも、それに固執しすぎると、「いま」にフィットしなくなるのです。だからほんとうは、「いま」と必死に向き合ったという手ごたえさえあればいいのです。正解を手放して、不安と慄《おのの》きの中で「いま」と対話をしたという感覚こそが、私たちの未来に光を与えます。

子育ては解決すべき何かではなく、ただ「いま」を味わうものなのでしょう。

よそよそしい家族

いつも授業中に集中力がなくがんばっていないように見える子がいます。でも、その子はそう見えるだけで、実は机に座っているだけで十分にがんばっているということが多々あります。一度この事実に気づいてしまうと、授業中に気もそぞろの子を一方的に叱りつけることなんて簡単にはできません。

子どもというのはただそうなっているだけで、もともとそこに良し悪しはありません。それなのに、他の子と異なったある傾向を持つ子どもだけが「あなたは態度が悪い」「やる気がない」と責めを受けます。周りに合わせられないというだけで負の烙印を押されてしまうのです。そして、こうやって大人の無理解のせいで責められ続けた子どもは、実際に「悪い子」に育ってしまうことが多いのです。それは、大人たちがその子を

「悪い子」扱いすることで、本当の「悪い子」に仕立て上げてしまったのですが、「悪い子」たちがその後も責めを受け続けるのに対し、「悪い子」になる原因をつくった大人たちが責任を追及されることはまずありません。

子どもはただそうなっているだけなのに、大人は、集団になじまない子ども、落ち着きのない子ども、思うように自分の言葉を発することができない子どもをなじり、否定します。自分の都合で相手を矯正《きょうせい》しようとすることは、言うまでもなく暴力です。それなのに、「指導」という名目のもとでは、いつでもそれが正当化されてしまいます。社会集団という傘の下ではそれが簡単に許容され、枠にはまらない子どもを、集団にとっての邪魔者として積極的に悪者にしてしまう傾向があります。これはとても怖ろしいことではないでしょうか。

先日、公立小学校に勤務する知り合いの先生に、授業中にがんばっていないように見える子への対処をどうしているか尋ねました。すると、「その子なりの事情があることがわかっていても、できるだけ他の子と等しい基準で注意するようにしています。他の子の手前もありますからね。」とその先生は答えました。

他の子の手前もある。確かにそうなのでしょう。でも、これはどうしても譲れないのですが、「他の子の手前」で「その子なりの事情」が無視どころか否定されてしまうのは、ほんとうに痛ましいことだと思うのです。平等性は使い方を間違えると「みんなおなじで、みんないい」という全体主義に陥ります。そこでは、公平に対処しているんだから仕方がないでしょと心で呟きながら、一人ひとりの凹凸を見て見ない振りをすることになります。こうして共同体の安定を図るという大義のもとに、今日もひとつの個性が抹殺されるのです。

「他の子の手前」を気にする先生たちには、もっと子どもたちに大人の葛藤をそのままに開いて見せてほしいと思います。人はもともと均質ではないから、あの子への対応と、あなたへの対応は違って当然だということを堂々と示してほしいし、必要があれば親たちにそれを伝える努力も惜しまないでほしいのです。また、子どもたちの間にけんかが起こったときには、必ずしも一方が正しくてもう一方が間違っているということではなくて、むしろふたりが言っていることはどちらもある程度正しいという矛盾自体を教えたほうがいいと思うのです。大人はできるだけ整った解決を求めますが、そうやって初めからゴールを決めてしまうから無理が生じるのです。曖昧な状態を受容することはお互いに痛みと不安を伴いますが、白黒つけられない矛盾と葛藤の中にこそ人間らしさがあるのだとすれば、子どもがそれを味わうことに何の問題があるのでしょうか。

私たちはあらゆる場面に矛盾を見出しがちで、それをすぐにでも解消しなければと、片方が白でもう片方は黒だと無理にでも決めてしまいがちです。でも、見出された矛盾というのは私たちの葛藤が現象化したものであり、矛盾それ自体は、実体を持たないひとつの解釈に過ぎません。ということは、相反するように見えるふたつは、片方だけがほんとうなのではなくて、どちらもほんとうなのかもしれません。矛盾自体、私がつくり出した幻影なのかもしれません。

だから、葛藤をすべて矛盾に置き換えるのではなく、葛藤を抱えたままに、私はいま、ただそうなっている、そのことを「これでいいのだ」と肯定する。それができたら、私たちはもう少し肩の力を抜いて生きていけると思います。

家庭においても、葛藤をめぐる環境は昔といまとでは大きく変化しました。かつての大家族が当たり前の時代、つまり、両親だけでなく祖父母や親族など多くの人がひとつ屋根の下に住んでいた時代には、家族の中に当たり前のように葛藤が転がっていたものです。元来、家族は生まれも育ちも異なる他人どうしが結びついてできるものですから、そこに世代や性別の異なる大人がいれば意見の異なりや対立が生まれるのは当然です。その意味で、昔から家族は葛藤のるつぼでした。葛藤に揉まれ、その葛藤がどれだけ人間らしいかを身をもって学びながら、かつての子どもたちは育ちました。対立する価値観と考え方のせめぎ合いの中で、大人の欲望の狭間《はざま》から自分の言葉を紡ぐことを覚えていきました。

少子化で家族の成員が少なくなり、地域社会の養育力は衰え、葛藤はいまや家族像の表面から消え去ろうとしています。インスタグラムの投稿では、明るくて茶目っけのある、いかにも幸せそうな家族の風景ばかりがもてはやされています。

かつての大家族社会では、個人のプライバシーが家庭内だけでなく地域コミュニティーの目にさらされていました。だから、何らかの葛藤めいたものが生じたときには、なかなかそれを隠し通せるものではありませんでした。でも、プライベートな領域が拡大した現代の家族では、自分一人の努力によってそれを見せずに済みます。フィルターで加工され、トリミングで切り取られた後の家族像には、もはや葛藤の気配はありません。加工したあとには、自分さえもとの状態がわからなくなってしまうので、葛藤と向き合うということが不可能になり、都合の悪いことはすべて先送りされる状況が常態化することになります。

現在、このような葛藤の抑圧は、家族の成員である子どもたちにも向けられています。例えば、子どもに何かを要求するときには、父と母が意見を一致させて子どもに言えばいい。または、子どもに言う担当を決めて、どちらかだけが言えばいいということになります。または、子どもの言い分をできるだけ聞いて、もしそれが間違っていると思えば理を尽くして穏やかに子どもを説得しようとします。そうすることで、夫婦は不和になりにくく、子どものほうも混乱せずに済みます。

こうして、よそよそしい人間関係が家庭内に持ち込まれます。この新しい家族像こそが昨今のさまざまな親子問題の由来でもあるのですが、それでもこれを書いている私自身、昔の葛藤が多い家族に戻りたいとは思いません。また、戻ろうと思って戻れるわけでもありません。

でも、いかに私たちがよそよそしさの中にその身を浸したところで、葛藤がほんとうに消えてなくなるわけではありません。家庭内の葛藤に対して見て見ない振りをし続ければ、必ずどこかに無理が生じます。そしてその歪みは、家族の中で最もたよりない存在（多くの場合は子ども）に災禍《さいか》となって降りかかります。

私はこれまでに、大人の歪みがそのまま子どもたちに反映され、それが彼らの苦しみに直結している現場を繰り返し見てきました。しかも、そんなとき子どもたちは自分が大人に何をされているかわかっておらず、きまって無防備な状態です。その結果、子どもは取り返しがつかないほど、自分を損なってしまうことがあります。

だから私は、大人にもっと子どものことを知ってほしいと思います。この本に出てくる子どもたちを介して、大人が内なる子ども、つまり、かつての子どもだった自分と出会い直し、そのことを通して、子どもと共に生きる喜びを取り戻してほしいと思います。

がんばっているのに、成績が伸びない

「うちの子はがんばっているのに、成績が伸びないんです。」

これは塾に入校してくる子どもの親たちが、いかにも不満そうな顔でたびたび口にする言葉です。私はこれを聞くたびに、「ほんとうにそうだろうか？」と思わず首を傾《かし》げてしまいます。

「がんばっているのに、成績が伸びない」というのは、子どものことがわかった気になっている親の勝手な解釈であることがほとんどではないでしょうか。実際は、がんばっているからこそいまの成績が維持できているのに、ただ学校や模試において点数が伸びていないという表面的な理由に基づいて、子どもに「成績が伸びない」という烙印を押す。がんばっているのなら、現状ではそれが子どもにとってベストに近い状態かもしれないのに、その斜め上を見て「成績が伸びない」と断定してしまう。これは親の願

望でしかありません。なのに、子どもたちはそのせいで自分を責めて、傷ついてしまいます。

「がんばっているのに、成績が伸びない。」親がそう他人に訴えているとき、たいていの子どもは、「親がせっかく私のことを一生懸命に考えてくれているのに、どうして私は伸びないんだろう」と自罰的に考えるので、子どもは親に悪いとは思っても、親のことを恨むことはありません。ほんとうは親の勝手な高望みによって自身が傷つけられているのに、子どもは親を無条件に信じているのでそのことに気づきません。

「がんばっているのに」という言葉で子どものことを認めているふりをしたあとに「成績が伸びない」という根拠に乏しい自分の願望を叶えるための呪文を唱える。親というのは、ほんとうにこういうところがえげつないと思います。子どもは大人のまじないにすっかり騙《だま》されてしまい、親が設定した負の思考のもとでしか考えられなくなります。

こうして、子どもは親の願望のせいで、知らず知らずのうちに自分を犠牲にします。親は何度子どもに救われたら、そのことに気づくのでしょうか。

「がんばっているのに、成績が伸びない。」親がそう他人に主張しているとき、「うちの子はがんばっているけど、勉強のやり方がわかっていないから、成績が伸びない」という考えが前提になっています。つまり、「うちの子が勉強のやり方をわかっていないのは、それを的確に教えてくれる人がいないからだ」という他者（例えば学校や塾）に対する不満を含んでいます。

しかし、真に勉強が「わかる」という経験がある人たちは、きっとそんな考えを持つことはないでしょう。意外なことのようですが「勉強のやり方を教えてください」と言う子どもはなかなか成績を伸ばすことができません。そして、「勉強のやり方を教えてあげてください」と言う親は、自身が勉強に手ごたえを得たことがなくて、勉強がどんなものかわかっていません。わかっていないせいで、子どもにトンチンカンなことを言って足をひっぱっているのに、それに気づきません。

「勉強のやり方」というのは本来、自らの手で掴《つか》み取ることによってしか得ることができないものです。「馬を水辺に連れていくことはできても、水を飲ませることはできない」ということわざは、「最終的には自分の意志でがんばらなければならない」というような単純な意味ではありません。それは、指導者にできることは、問いの解決のための具体的な方法を教示するところまでであり、実際にそれが「わかる」ようになるのは本人によってでしかないという学習の本源的な性質を示すものです。指導者として大切な素質は、第一に「本人の能力を奪わないこと」であり、それを土台にしつつ「問題解決の糸口を見つけやすくしてあげる」（これは案外難しいことだから、指導者に能力差が生じる）ことに尽きますが、「うちの子はがんばっているのに、成績が伸びない」と主張する親たちは、たびたび「わかる」こと自体を他人に依拠《いきょ》しようとします。これは、水辺で馬に無理やり水を飲ませようとしていることと同じであり、うまくいかないどころか、子どもにとっては完全にマイナスにしかならない所為《しょい》と言わざるをえません。解決そのものを他人に依存することを教えることは、親が無自覚に「本人の能力を奪う」最たる例であり、私はそれを繰り返し見てきました。

「がんばっているのに、成績が伸びない」と言われ続けた子どもは、他人に自身を大きく見せがちになります。子どもを斜め上に見たいという親の虚栄心がそのまま伝染し、自分を斜め上に見せようとする、つまり、プライドだけが高い子どもになりやすいのです。その結果、なんとなく周囲から浮いているように見える子が多いし、そのくせ自己否定感が強く自分を大切にできない、どこにも居場所がないように感じられる、他人にも興味がもてない、そんな大人に育っていく子も少なくありません。どこか偽物である自分をいつも感じていて、どれだけ自己啓発本を読んでもセミナーに参加しても、いっこうに満たされません。親から解決そのものを他人に依拠することを教えられた子どもの苦しみは、そうやってずっと後を引くことがあります。

「うちの子はがんばっているのに、成績が伸びない」なんて、子どもに言わないであげてください。がんばっているなら、それがいまのその子の力です。結果も含めて、すべてを認めてあげてください。

子どもの生き方は、もう決まっている

「三つ子の魂百まで」ということわざは、幼いころに周囲の大人たちの愛情や言葉によって涵養《かんよう》された子どもの感受性は、その後の人生を決定づけるほどに人間にとって大きいものであるという趣旨の言葉です。

でも考えてみれば、その時期の子どもは、ただ自分が置かれた環境に身を置き、与えられた条件に追従するしかない存在です。とすると、子どものその後の長い人生の命運を握っているのは、人生においてごく初期の数年間にそばにいる、親や兄弟といった家族に他なりません。

そう考えると、子どもというのはひとりの例外もなく不憫な存在です。自分の人生を決定づける最も大切な時期が、自分の力ではどうにもならないところでいつの間にか過ぎ去ってしまい、そして過ぎ去ったあとには、それをどれだけ悔いても当人の力では取り返しようがないのですから。

しかし、あなたも私もかつては子どもでした。そして、あなたの親もやはり例外なく、かつて子どもでした。私たちは誰もが、意のままにならない生を原罪のように背負って、それでも生きのびなければならないという宿命を抱えています。

この「三つ子の魂百まで」という言葉が発達医学的にも正しいことが世間で認知されるようになったころから、その言葉の乱用や誤用が増えました。「三つ子の魂百までって言いますから、うちの子にも一歳のときから英語を習わせていたんですけど……。」そんなことを平気で言ってしまう親もいるのですが、これはことわざの意味を取り違えてしまっています。「三つ子の魂百まで」というのは、三歳くらいまでに大切なことを教育しておかないとそれが身につかなくなるという意味ではありません。むしろ、このことわざの意味をそうやって「教育」にすぐ結び付けてしまうことはとても危険です。

幼少のころから「教育」されすぎた子どもは、大人の意向に反する形で弱くなりがちです。大人が知識を与え、それを吸収すれば褒められるということを繰り返すと、子どもは知識が与えられることを当たり前と思って自分で考えようとしなくなります。また、大人に褒められること自体が目的となってしまうせいで、その知識の質は低下します。自分で考えることを知らない子は、その後、応用的な思考を身につけることが難しくなります。大人の機嫌をとるための勉強はいつまでもポーズに過ぎず、思い通りにいかなければカンニングなどの不正行為をはたらいてでも大人の期待に応えようとします。

このように、幼いころから親に過剰な干渉を受け、むちゃな期待を押し付けられて育った子どもたちがたくさんいます。そういう子どもは大人の願望を満たすために虚栄心ばかりを身につけてしまったために、やたらと虚勢を張りがちですが、虚勢はつまり自己に対する不信や不満の裏返しです。だから、彼らは否定的な感情が募ってストレス過多になり、周囲や自分自身に対して暴力的な行為に及びがちです。こうして、幼少のころの大人の「教育」の過ちが、中学生、高校生になった子どもたちに大きな影を落としていることは少なくありません。

子どもが中高生くらいになると、それまでは放任主義だった親たちでさえ、家でなかなか勉強しない子どもにさまざまな干渉を企てるようになります。例えば、「次のテストが悪かったら部活やめさせるわよ」とか、「そんなにやる気がないんだったら大学受けなくていいわよ、もう就職しなさい」といった具合に脅し文句を吐いて、がんばれない子どもをなんとか無理に矯正しようとするのです。脅しではとどまらずに、スマホを没収するなどの実力行使によって子どもの感情を損なわせ、自分がいま置かれている状況を子どもに身をもって知らしめようとする場合もあります。

でも、私はいつも、そんなことをしても子どもは決して親の思い通りにはならないだろうと思います。自我が育ってしまったあとの中高生に一方的な権力を振るったところで、自我と自我のぶつかり合いになるのは火を見るよりも明らかで、どだいうまくいくわけがありません。だから、この世代の子どもとの関わりは対話からしか始まりません。結論を急ぐことなく、何でもないおしゃべりを通して自分の心と相手の心の中身をじっくりと確かめ合うことからしか、解決の糸口はつかめません。

スマホに依存する子どもも、勉強しない子どもも、自分がなぜそんなことになっているかわからないのです。それを単に「やる気がない」という言葉で片付けるのは、ほんとうはもう少しちゃんとしたいと思っている子どもの心の葛藤を無視して踏みつけているようなものです。大人からそんな投げやりな言葉を受け取った子どもが、重い腰を上げようとするわけがありません。そういう「わからない」という現実を置き去りにしたまま、それについて何のフォローもないままに、子どもの現状に対する不満を周囲に投げつけてばかりだから、子どもはどうしたらよいかますますわからなくなり、いよいよ動けなくなります。

「三つ子の魂百まで」ということわざの話に戻るまでもなく、子どもの下書きのようなものは、すでに幼いときに済んでしまっています。そして、中高生の子どもたちはその下書きをもとに日々の生活を送り、周囲の人や物事と関係を結んでいます。だから親が必死に呼びかけても子どもの欠点が埋まらない場合、それはすでに子どもの中にある程度できあがった人生との付き合い方があるからであり、それがあらゆる行動に色濃く反映されているわけですから、それを無理に矯正するのは思いのほか簡単なことではありません。

できないことを要求され続けたら、子どもは卑屈になるに決まっています。だから、この年ごろの子どもの親は、この子の生き方はすでにある程度決まってしまっていることを理解して子どもに接したほうがいいでしょう。でなければ、子どもはどんどん自罰的なぬかるみにはまっていくだけですし、親自身もいつまでも報われないループから逃れられなくなります。

一方で、子どもの欠点が目立つからといって、親は「この子が幼いころの私の子育てが間違っていたんだ」なんて考えて自分を咎める必要はありません。親が子どもに対して感じている欠点と、子どもの周囲の人たちが感じている性質は符合しないことが多いものですし、子どもは放っておいても他人の前では自分の欠点を補うような行動をちゃんと選び取っているものですから。そして何より、親の気に障《さわ》る子どもの欠点というのは、子どもというよりは、自分自身（またはパートナー）に思い当たる節のある欠点と関係していることが多いものです。自分自身（またはパートナー）を許せない親は、その代わりに子どもを執拗《しつよう》に罰してしまう傾向があります。こうしてさまざまな事情と思惑《おもわく》が交錯するために、親の目に入る子どもの欠点というのは純粋なものではありえず、むしろ独特な偏見にまみれやすいと言えます。

そもそも、親が「良い子育て」をすれば問題ないかといえば、事はそれほど単純ではありません。子育ては目論見《もくろみ》どおりにはいかず、いつも偶然性が付きまとうものです。「良い子育て」をしたから必ず「良い子」が育つわけではなく、むしろ、同じように育てたのにまったく別様の子どもが育ってしまうところが、子育てのおもしろいところです。

努めて「良い子育て」をしようとする親は、あらゆる「良いこと」を先回りしてやってしまう傾向があります。親は「良いこと」を率先してやることで手本を示そうとしているのかもしれませんが、実際に子どもに伝わるのは、「私が何もしなくても親が勝手にやってくれる」という現実でしかなく、これが繰り返されると子どもは自身の判断力を育てる機会を失います。しっかり者のお母さん（ときにお父さん）のもとでは、自分ひとりでは何もできない男の子が育ちやすいのですが、そのからくりはここにあります。（このとき家族内に母親に何でもやってもらっている父親の存在があれば、自分では何もできない男の子の完成度はより高くなります。子どもは母親と父親を見ているというよりは、二人の間にある関係性を見ながら育ちますから、男の子は日ごろから何かと母親に世話を焼かれている父親を見て、自分も父親と同じように母親と関係を結べばよいということを学ぶのです。子どもの「何もしなくてもお母さんが勝手にやってくれる」という確信を、何もしない父親ほど強化する存在は他にないでしょう。一方で、これは女の子に多いのですが、お母さんが「良いこと」を先回りしてやってしまうタイプでも、そういうお母さんを丸ごと手本にすることで、ちゃんと必要なことが身についていく場合もあります。）

いかに「良い子育て」をしたとしても、それが良い結果をもたらすとは限らないということは、そもそも初めから「良い子育て」なんてないのかもしれません。良い子育てをしようと日々の努力を惜しまないお母さんたちは、まじめさ自体がその人であり、良くも悪くもそうでしかいられません。（ちなみに「まじめ」というのは「意志」の問題と思われがちですが、どちらかと言うとそれは「習慣」の問題です。その人がもつ思考のクセが「まじめ」な性質に輪郭を与えます。）しかし、お母さんたちの誠実さの発露そのものが、場合によっては子どもに毒になることがあるというのは悩ましい問題です。

そう考えていくと、子育てというのは、むしろ親が方法論や良し悪しという価値判断からできるだけ離れることからしか始まらないのかもしれません。良い子育てをしようなんて思わずに、日々目の前で繰り広げられる出来事をそのままに肯定する。自分のたよりなさに幾度となく揺れながらも、子どもに触れ、感応することを通して、その存在を新たに肯定し直す。その繰り返しが子育てなのだろうと思います。

思春期の子どもがわからない

つい先日、私が教えている特進クラス（難関高校を目指すクラス）の中一の女の子のお母さんから夜遅くに電話がかかってきました。「私から何を言ってもうちの子は言うことをきかなくて。」そう話す電話の向こう側の声は、嗚咽《おえつ》からか少し震えていました。娘が特進クラスの数学の宿題を授業の直前に終わらせようとするから、当然できなくて困り果てて泣いている、そんなことになるなら早めにやるようにといつも言っているのにそれをやらない、その繰り返しでもう、ちょっとどうしたらいいかわからなくて、という相談でした。

これまでに何度も話してきた印象では、お母さんは子どもにやたらと無理を押し付けるタイプの人ではありません。いつも丁寧に娘さんと向き合っている印象がある方です。そんなお母さんが、子どもが言うことをきかないことに困り果てて連絡をくださったので、私は宿題を出した人間として、こんなにまじめに生きている人を追い詰めてしまったと申し訳ない気持ちになりました。

宿題がないフィンランドは素晴らしいと手放しで信じている人たちがいることに私は驚きを禁じえないのですが、義務教育期間に学ぶことは、野球の素振りのような型を身につけるための学習が多いので、毎日少しずつでも「身につく」学習を継続することが必要であり、そのための課題設定は欠かせません。私は子どもたちに課題を出すときには、手だけ動かしていれば頭は働かせなくても終わるようなものは出さないこと、ちゃんと仕上げることができる適切な量を出すこと、一方的ではなく、子どもたちが承認する内容であることなどを重視しています。その結果、課題自体が子どもとの間の大切なコミュニケーションツールになっていると感じることが多く、私はその取り組み方と達成度を見ることで、各生徒の学習進捗《しんちょく》度にとどまらないさまざまな情報（例えばその日の精神状態や各単元に対する苦手意識、そして問題を解くときの思考の流れやクセなど）を得ています。

ですから、適切な質と量の課題は子どもたちの学びに欠かせないと考えて、日ごろから宿題を出しているのですが、それでも特進クラスの子どもたちには、敢えて最適量を少しだけ超えた課題を出すことで、より多くの力を引き出すという戦略を意図的にとるため、どうしても負荷が大きくなります。すると実力的には課題がこなせる子でも、生活習慣の部分で弱点やハンディがあったり、そのときの気分の問題（思春期の子どもたちは交友関係などさまざまな事情で日々心が揺れ動いています）があったりする子は、集中力が続かず、課題が次の授業日までに終わらないことがあります。それでも、どんな事情があっても関係なく毎回きっちり仕上げてくるタイプの子もいるのですが（つくづく感心します）、それをすべての子どもに求めることはできません。やり遂げたい気持ちがちゃんとあったのに、それができなかった子をさらに責めるようなことを決してしないように私は心がけているのですが、「今回はできなくてもしかたがないよ」といくら声を掛けたところで、子どもの心の中の「できなかった」感触はどうしても拭《ぬぐ》えません。だから「出された課題はちゃんと確実にやり遂げたい」とまじめに気負っている子たちは、自分で自分を追い詰めて苦しくなってしまうことがあります。

電話をかけてきたお母さんは、子どもの葛藤を知っています。ちゃんとがんばらなくちゃと思っているのに、さまざまな理由からしんどくて立ち向かえない彼女のことを知っています。知っているからできるだけ彼女に寄り添って応援しようとします。ときには具体的にあれこれと援助しようとします。それでも、子どもからすれば、親の行動は初めから結論ありきの大人の考えの押しつけと感じられてしまうので、鋭く反発します。お母さんにとっては、子を思う気持ちからよかれと思ってやったことですから、それが反発という形で無下《むげ》に扱われるとどうしても怒りの感情が噴き出します。「いつも同じことばっかり言わせて。いい加減にしなさいよ。そんなことならもうやめてしまいなさいよ。」ついお母さんは子どもにきつい言葉を投げ掛けます。すると子どもはさらに反発を強め、ますます会話が成立しなくなります。

こういうときどうしたらいいでしょうかと、お母さんたちからたくさんの相談を受けてきました。でも、そんなときに私はなかなか即答できません。「私から何を言ってもうちの子は言うことをきかなくて」と電話越しに話したこのお母さんに対しても、「私が話してみますから大丈夫です」と答えた上で、お母さんはもうすでに十分にがんばっていますから、と励ますことしかできませんでしたし、それがこのときの私の精いっぱいの気持ちでした。

親はこうして思春期の子どもたちの扱いに困ってイライラを募らせているものですが、そこには明確な理由が隠されています。親がこの年ごろの子どもと付き合うことをしんどく感じるのは、子どもの成長にともなって親と子の関係性がいつの間にか変わってしまったからです。宮沢賢治の童話「雪渡り」をご存知でしょうか。この童話に出てくる月夜の晩の「狐の幻燈会」の参加資格は十一歳以下の子どもたちです。（ふだん私たちは18禁やR15+に慣れていますから、逆に十二歳以上はお断りなんて言われると、その意外性に思わず唸《うな》ってしまいます。）だからこの物語では、まだ幼い四郎とかん子は幻燈会に参加できるのですが、一郎、二郎、三郎の上の兄弟三人は参加できず、二人に餅《もち》を持たせて見送る役になります。

　賢治はこの童話の中で、十一歳という年齢あたりに子どもと大人の境目を設定しました。これには個人差がありますし、同じ子どもでも大人と子どもの間で揺れる時期がありますが、いまでもだいたい同じあたりに境界があると考えていいと思います。この境目を過ぎると、いわゆる反抗期に突入することになりますが、それまでは親の助言を素直に聞き入れていた子どもたちが、いちいち反発して口答えするようになります。それは幼いころの感情の波によるイヤイヤとは別物で、ちょっと大人からすると理解しがたいような断固とした拒絶の仕方で現れます。

　親と子の関係性が変化することで、これまで何の抵抗もなく「言うことをきいてきた」子どもたちが、いきなり何を言ってもきかなくなるのですから、親たちが困惑するのも当然です。親が子どもに対して無条件に「言うことをきかせる」ことが、そのまま子どもを守ることであり、子どもの主体性を育むことにつながる時期は確かに存在しています。（例えば、私たちがほとんど無意識に行う文化的行動――家に入るときには靴を脱いで入る、食事をするときには箸やスプーンを使うなど――を子どもが家庭で学ぶときのことを想像してください。）だから、どこかでそのころの手ごたえが残っている親たちが、そんなことは知ったことではない思春期の子どもたちとぶつかるのは、ある意味で必然かもしれません。ということは、親のほうがその関係性の変化に気づいて対応を変えていくことによって、子どもとの必要以上の衝突を避けることに努めたほうが得策でしょう。

哲学者のミシェル・フーコーは「啓蒙《けいもう》とは何か」の中で「カントの言う〈未成年〉の状態とは、理性を使用するのが妥当な領域において、我々が活動する時に誰か他人の権威を受け入れてしまうような、私たちの意志の状態のことだ」と言いました。ということは、子どもが言うことをきかなくなったことは、子どもが親という権威から抜け出して自らの手で生きていく力を蓄え始めていることの証しですから、この子はこうやって大人になっていくのだという瞬間の一つひとつを、ただ見届けてあげてほしいと思います。

思春期になると、親の「言うことをきかせる」という権威的なふるまいが急に子どもの目に傲慢《ごうまん》にうつるようになってしまうのは必然ですから、それは自分の当たりがきつくなったのでも、子どもが悪い子になったのでもなく、子どもの成長によって親と子の間の関係性が変化したに過ぎないと考えることが、親の心に余裕を持たせるためのヒントになります。

それにしても、思春期になると子どもはますますわからない、理解できない存在になりますよね。(いまこれを読んで、いや、そんなことはないと思った親は、案外子どもにとってやっかいな存在かもしれません。)でもよく考えてみると、子どものことがわからないというのは不思議なことです。なぜなら、私もあなたもかつて「子ども」を経験済みだからです。自分が経験したことがわからないというのは、いったいどういうことでしょうか。これについて、臨床心理学者の河合隼雄《かわいはやお》は次のように言います。

> 人間の記憶というのはコンピュータとまったく違いますから、あったことをそのまますべて記憶しているのではなく、一人の人間として生きていけるように自分をつくりながら生きているわけでしょう。そうすると子ども時代のことをすべて覚えていて大人になるというのはたいへんなことなんです。自分にとっては受け入れがたいことがたくさんあるわけです。〈中略〉思春期というの

は、だれも非常にばかげたことをやっています。やっていない人はいないんじゃないかと思います。ところが、自分がそれをやった人間であるというふうにずっと思い続けていくことはたいへんです。それから思春期にばかなことをやっているときは、意識状態も変容しているんじゃないかと思うんです。いま大人として生きているというのは、通常の世界に通常の人間として生きていることです。それとあまりにも意識の規格が違うので忘れてしまうのだと思うんです。〈中略〉（思春期のことを思い出そうとしても）自分で考えてももう一つはっきり思い出せない。もちろん覚えていることもありますよ。それでも完全には覚えていない。そのときの考え方は、いま考えているような思考パターンとは違いますからね。たとえば父親なら父親が嫌いになったときでも、徹底的な悪者としての認識とか、あれは殺したほうがいいとか、それぐらいの認識でしばらくのあいだは生きているんじゃないですか。瞬間的には。〈中略〉それもパッと忘れて、後では、ええお父さんだというようになるわけでしょう。それ以前の思春期の体験をちゃんと覚えている人は相当な人ですね。

『子どもと大人　ことば・からだ・心』（見田宗介《みたむねすけ》・河合隼雄・谷川俊太郎）より河合隼雄の発言部分を抜粋

2
大人の葛藤の中身

大人たちが思春期の子どものことがわからないのは、私たちが大人になるために日々自分をつくり変えながら生きてきたからだと河合は言います。親を殺したいと思っていた子どもが、大人になったらいい親だと言い始めるというのは、なかなか刺激の強いたとえですが、誰しもが瞬間的にはそういう過激な意識を持ちながらも、それをすべて抱えて生きていくことなんてできないから、そういう意識を忘れて自分をつくり変えながら生きているというのは、なるほどそうだろうと思うのです。

もう一つの理由として河合は、思春期と大人のいまとでは意識の状態が、というより意識の規格そのものが違うから、大人はいったんそのころのことを忘れてしまうと再び取り戻すことができないことを挙げています。確かにちょっと思い出してみるだけでも、子どもに何かを言わんとするときに、こっちは一生懸命に伝えようとしているのに、子どものほうはぽかーんとしたまま何を考えているかわからないということは多々あります。こんなとき、大人と子どもの間にはどうしようもない意識の規格の差があって、そこには埋めようのない溝があるのですが、大人のほうは子どもがわかってくれるという希望を持って話しますから、伝わらないことにイライラしてしまいます。でも、もうこういうときは、子どもからすれば大人の言葉を自分の言葉として聞き入れることができないのです。これは、大人が理を尽くしたらいいとか、丁寧に根気強く諦めずに伝えたらいいとか、そういう寄り添うことが大切だなんて能書きでは、まったく子どもに歯が立ちません。

ですから、思春期の子どもと関わるときには、わからない、伝わらないということを大人が積極的に認めたほうがうまくいくことも多いでしょう。間違っても、いくら思春期でも自分の子どものことくらいわかる、なんて思わないことです。私たちは自身の思春期さえ消化しつくせないまま大人になっているのですから、思春期の子どもがわかるなんて「相当な人」なのです。（とは言っても、子どもの性のようなものをそのまま保存して生きている大人も例外的にいるようです。そういう人たちは、子どもの心が「わかる」一方で、もしかしたら大人の中では適応しづらいと感じているかもしれません。）

ここまで、思春期の子どもたちと関わることについて話をしてきました。親がなぜ思春期の子どもたちに悩まされるかといえば、子どもの成長過程で親と子どもの関係性が変わっていくからであること。また、思春期の子どものことがわからないのは、大人は成長過程で自分をつくり変えながら生きてきたせいで当時の意識の状態を忘れてしまっているからであること。だから子どもと大人の意識の間には規格違いと呼べるほどの大きな隔《へだ》たりがあることに大人は気づきにくいことなどを、これまでに見てきました。

これらのことを踏まえると、私たち大人に必要なのは、子どもを理解することではなく、子どもと自分との関係性を理解することであることがわかってきます。子どもを理解しようとするから、すぐに袋小路に入ってしまうのです。思春期の子どもを親が理解しようとするのは、子どもからすれば自分だけの意識の領域に親が土足で踏み込んでくるようなもので、耐えられることではありません。だから、子どもが苦しんでいるときに必要なのは、理解できないままに、ただ近づいて心に触れることだけです。子どもの苦しみを理解して解決しようとするのではなく、解決にこだわらずに、ただ心を通わせる対話ができれば、それで十分です。これは決して理解したいと思うなという話ではありません。子どもを理解したいと思う気持ちは、子どもに心を寄せるために不可欠なものですから。解決を急ぐあまり「あなたは○○したほうがいい」と上から言いたくなる気持ちを宥《なだ》めながら、「あなたの苦しいという気持ちはどこから来たんだろうね」と観察者として他人事のように話せば、自分が責められているのではないと気づいた子どもは心を開き、自らの言葉で話し始めます。

電話をくださったあのまじめなお母さんも、必ずしも解決にこだわらない観察者になることで、思春期の子どもとの関係性を捉え直すことができますように。「言うことをきかせよう」とがんばらなくても、子どもは子どもで必死に毎日を生きていますから、子どもの生きる力を信じてあげてください。そして、信じていることをふとしたタイミングで伝えてあげてください。

呪いでない宝はない

私は、いのちと死、祝福と呪いを、あなたの前に置く。
あなたはいのちを選びなさい。

『旧約聖書　申命記三十章』

親というのは子どもにたびたび呪いをかける存在です。成績が急上昇して喜んでいる息子に「そんなに調子に乗っていると、いまに悪くなるよ。」そう言い放つ父親がいます。彼氏ができた嬉しさではにかんでいる娘に「どうせ遊ばれてるだけよ」と貶《おとし》める言葉を吐く母親がいます。こういう少し極端な例を持ち出さなくても、親や大人たちはそうとは気づかずに子どもに呪いをかけてしまうものです。

「勉強しないなら、受験なんてやめてしまえばいいじゃない。」

受験生の子どもを持つ親からたびたび発せられるこの感情的な台詞《せりふ》は、子どものことを親身に思って出たものとは言えません。親は子が簡単に受験から降りられないことを知っていて「やめてしまえばいい」と言っているのですから、これは助言ではなく脅しによる思考操作だとさえ言えます。親に「やめてしまえばいい」と言われた子どもは、そんなことを言われても簡単にやめられないよ、と思います。その時点で、子どもはいつの間にか親が設定した問いの中で考えることを強いられてしまいます。こうやって親は子どもの心を囲い込んでコントロールします。その意味で、「やめてしまえばいいじゃない」は呪いの言葉です。

「私には好きなことがある。だからそれを仕事にしたい。」そう目の前で宣言する子どもに対して、親はいとも簡単に「そんなに現実は甘くないわよ」と言います。このとき、親としては子どもの将来を心配して忠告しているつもりかもしれません。自らが「現実の壁」という役回りを引き受けることで我が子を守ろうとしているつもりなのかもしれません。しかし、これも一種の呪いです。それは「私が現実を引き受けているのだから、あなたも引き受けなさい」と自分の現実の側に子どもを引き入れようとする呪いなのです。親はこうして、自分の人生に、特に自分が人生で断念してきた記憶に対して正当性を与えるために、自分と同じ道を子どもにもたどらせようとすることがあります。

　こうした親が子になすりつける「現実」によって、どれだけ多くの子どもたちが「自分の好きなこと」を仕事にすることを諦めて親と同じになることを選択してきたことでしょうか。子どもの目の前に広がる無限の可能性が、どれだけ台無しになってきたことでしょうか。「そんなに現実は甘くないわよ。」親が子どもにそう言うとき、彼らは自分の人生のうまくゆかなさを子どもに転嫁《てんか》しています。親は人生経験という子どもが持ちようのない武器を使って「現実」を語り聞かせるので、子どもはそのうち自分のほうが間違っているという不幸な認識を抱くようになり、親に従うことが正しいのだという判断を自らで下すことになります。

　こういう話をしていると、私はある女の子のことを思い出します。

　イラストを描くことが好きだった彼女は、中三の夏まで「絵を描く仕事がしたい」と話していました。しかし、その話を聞いたわずか三カ月後の十一月の面談のときに、彼女は一切の迷いを感じさせない様子で「看護師になります」と宣言し、そのまま私立高校の看護コースに進みました。

もちろん、彼女が看護コースを選んだことが悪いと言いたいわけではありません。でも、「絵を描くなんて仕事になるわけがない」「この子にはふらふらしないで早くちゃんと働いてほしい」と本人の前でさんざん言っていたお母さんの仕事が看護師だったことが、私が彼女の選択に疑念をはさむ余地を与えていました。彼女はほんとうにそれでよかったのだろうかと、いつでもノートを持ち歩いて暇さえあれば左手で淡いタッチのイラストを描きつけていた彼女のことを思い出しては考え込んでしまいました。お母さんは自分と娘が同じ現実になることを望み、それが彼女によって選ばれただけなのではないか、もしそうであれば残酷なことではないかと考えずにはいられませんでした。

果たして彼女がそうだったのかはいまとなってはわかりませんが、親の呪いにかけられて自分の将来を決めていく子どもはたくさんいます。しかし、そうやって親に操作されているように見える子どもに「親の言うことなんて聞かずに自分のやりたいことを貫きなさい」と第三者が口をはさむことは簡単ではないし、たいていうまくいきません。これは所詮《しょせん》他人の立場では親に遠慮して言えないという単純な問題ではなく、もっと子どもという主体の根幹に関わる問題です。

というのは、子どもが主体性を獲得するためには、多かれ少なかれ親の呪いを必要とするのです。親の価値観や美意識といったものの影響は子にとって呪いとなりますが、一方で一生の宝にもなりうるものです。呪いでない宝はなく、だから親と子の間に第三者が立ち入ってその考えに異議申し立てをすることを簡単に考えてはいけません。呪いは確かに子どもをコントロールすることと同義ですが、だからと言ってすべて悪いものだと断定するわけにもいかないのです。だから、彼女が母親と同じ職業を選びとったことは、呪いであると同時に一生の宝であるかもしれません。このように、親と子の関係は一筋縄ではいきません。親は子どもに、祝福と呪いとを同時に与えうる存在なのです。

でも、だからこそ親はできるだけ自分の現実にとらわれず、子どもが住まう新しい世界に目を開いていてほしいと思います。自分の現実に子どもを引き寄せすぎることで、子どもが不自由な生き方を選ぶのは取り返しのつかないことですから。

「現実」は時代によってめまぐるしく変化していきます。好きなことを仕事にしたいと宣言した子どもに対して「現実は甘くない」と言い放った大人の現実も、あるときから急速に色褪《あ》せていくのです。これからの時代は、誰もが好きなことを仕事にするのが当たり前になっていくでしょう。かつて存在した労働の大義や人生の目的のようなものが瓦解《がかい》した現代において、つらいこと、きついこと、自分に合わないことを敢えて仕事に選ぶような不条理な流れが続くわけがありません。人はいままでよりずっと、自分の感覚や感情に忠実になっていきます。これからは、あらゆる人たちができるだけ「自分が好きなこと」に近い仕事に就こうとするようになるし、それが感覚的にも自然なことになっていくでしょう。

こうして大人の「現実」は、わずか二十年、三十年の間に消えてゆきます。それが消えた後に残るのは、「現実」という言葉の裏側にあった、いかにも人間らしい葛藤の気配です。私はその気配をとてもいとおしく思います。

えこひいきする先生

「えこひいきする先生」は概して子どもにもその親にも不評です。特に槍玉《やりだま》にあがりやすい具体例を挙げれば、異性の学生にだけ優しく接する先生や、自分が担当する部員だけ内申点の評価を上げる部活動の顧問などです。

公正と平等こそクラスで多くの生徒と関わる指導者として最も大切な倫理だと考えていた私は、子どもたちを教え始めた当時、「えこひいき」についてとても敏感でした。自分が学生だったころに、えこひいきする先生がいかに不評だったかを知っていたので、自分はえこひいきだけはするまいと考えていました。つまり、すべての生徒に対して等しく愛情を注がなければならないと考えていました。高校で数学の教師をやっている友人にその話をしたところ、彼は「そのためには子どもを主観的に見ないことだね」と言いました。当時、流行っていた高校教師と女子生徒の恋愛を描いた映画を引き合いに出して、「生徒を恋愛対象にするなんて信じられないし気持ち悪い」と言いました。私は、その場で「そうだよね」と弱々しく同意しながらも、子どもを主観的に見ないということがどうしても腑に落ちませんでした。そんなことは可能なのだろうかと考え込んでしまいました。なぜなら、愛というのはきまってえこひいきなものなのだという意識をどうしても拭い去ることができなかったからです。

一人ひとりの理解度にそって子どもとともに学習を進めていくことは、彼らを好意的に見ることなしには成立しません。少なくとも私にとってそれは絶対的条件で、好意的に見るとは、つまり主観的に見ることです。そして、主観的に見るのは「えこひいき」につながりかねないことなので、私はそのことに悩みました。

私が生徒に対して実際に「えこひいき」をしていたとは思いません。卒業時に子どもたちから「誰に対しても平等に接し、一人ひとりを丁寧に教えてくれた」と言われたときには、心の底から喜びました。しかし依然として、内面には好悪《こうお》がくすぶっています。そんなことではダメだと思った私は、もっと理性を逞《たくま》しくして子どもを客観的に平たく見ることができれば、ほんとうの意味での公正と平等が達成されるのだろうかと真剣に考えた時期もありました。

2
大人の葛藤の中身

これが一種の囚《とら》われであると気づくまでにはずいぶん時間がかかりました。「あの先生、えこひいきー！」と脳裏に響く子どもの声、「子どもを主観的に見ることは悪いことだ」という内面の罪を責める声は、日々の指導の実感のなかで少しずつ小さくなっていきました。

いまの私に言えることは、子どもを主観的に見ることはむしろ特に大切にすべきことで、それを失ってしまってはこの仕事を続ける価値さえないということです。主観的だからこそ心が通うし、お互いに見える部分があるのです。でも、主観の作用によって子どものある部分が見えにくくなるかもしれないし、自らの行為の質に濃淡が生じてしまう可能性もあります。だからいまは、主観的な自分を受け入れつつも、決して自分の感覚を過信せずに子どもと接していかなければならないと思っています。

私たちは、自分の中に生じた矛盾を頭ごなしに否定し、それを無理にでも排除してしまおうと考えがちです。でも、そうやって一貫性を求めすぎることが間違いのもとなのでしょう。矛盾をそのままに許すことは曖昧で落ち着かないことですが、白黒つけることより矛盾のほうがほんとうならば、その矛盾ととことん付き合ってみよう、それをよく噛《か》んで味わってみようと最近は考えるようになりました。問いの解決を求めるのではなく、むしろ安易な解決を注意深く避けて不確定な未来に身を置き続けること、それによって問いを開きつつ深めていくことが、私たち大人に求められているのではないかと思います。

遊びと企て

企てと遊びとは、人間の日常生活における、二つの基本なありかたであり、ひととひとの関係のとりかたと、その関係のもとでのふるまいかたの二つの基本様式である。

西村清和『電脳遊戯の少年少女たち』

かつて美学者の西村清和は、人間が社会や他者と関わる際の「ふるまいかた」の基本様式を「企て」と「遊び」の二つに分けて説明しました。この場合の「企て」とは、その都度ある目的や意図をもってその実現に向かっていく行動全般のことで、一方で「遊び」というのは、例えば母親と赤ん坊の間の「いない、いない、ばあ」のような、私と他者との同調関係のなかで軽やかに世界に包まれる実感を得るような、それ自体は目的を伴わない所為を指しています。

私たちは「企て」と「遊び」の両方を享受しなければ満たされません。日々の生活にメリハリをつける目標や動機付けは欠かせませんし、勉強や仕事などの生活のために必要な行為は、広い意味ではすべてが「企て」と言えるものです。一方で、精神の緊張が伴う「企て」の狭間には、心をほどく「遊び」の時間が必要になるでしょう。「遊び」はいま生きている、という実感に直結するものなので、それを通して初めて私たちは誰のためでもなく自分のために生きるという喜びを知ることになるのです。

最近では「ひらめき」や「応用力」と言われるような独創的な思考力や、周りの人を虜《とりこ》にするチャーミングな個性やユーモアの才能は「遊び」に深く関わっていると考えられるようになりました。だから、親が幼少期に子どもをいかに遊ばせるかは、その子の一生を左右するほど大切な要素であるということが、現在多くの専門家たちによって言及されています。

しかし、遊ばせるというのはいざ考えてやろうとすると案外難しいものです。先日あるお母さんに「先生、うちの子、小学生のうちはやっぱり遊ばせておいたほうがいいですよね」と尋ねられたので、私は思わず「お母さまのおっしゃる「遊び」はすでに遊びではありませんから」と即答してしまいました。なぜなら、このときにお母さんが言った「遊び」は、「遊ばせておいたほうがこの子にとって良いことがある」という見返りを期待した「企て」になってしまっていると感じたからです。

親は子どものことを思って何かやろうとすると、いつの間にか子どものあらゆる可能性を自分の「企て」の中に回収してしまいます。だから、親と子の関係というのはなかなかやっかいです。ほんとうは親もいっしょに楽しんで、ただ子どもと心を通わせられたらいいのでしょう。それだけで「遊び」は簡単に成立するはずなのに、心を通わせるのは楽しい一方で、なんとなくそれだけではどこか物足りない気持ちになるから、親はやってる感を得るために何か名目を見つけては、「○○しておいたほうがいい」とついつい子どもを「企て」のほうに導こうとします。でもこれは、子どものことを考えてというよりは、親にとってそのほうが安心だからです。親はこうして自分の心の不安を解消するために、子どもに一方的な要求をしてしまうものです。しかもこの「企て」には中毒性があって、いったん寄りかかることを覚えると、それなしでは済まないような気持ちになってしまうから、なかなか困りものです。

親が「企て」に依存しやすい理由はもう一つあって、それは気持ちではどうにもならない物理的な問題です。地域や家族（祖父母や兄姉など）が子どもの「遊び」を見守る環境があった昔に比べ、いまは子どもを安全に遊ばせようと思ったら、その負担をすべて親が担うことになりがちです。だから、「遊び」が重要だと聞かされたところで、日々の生活に追われる親にとっては子どもと向き合う労力と時間が多く取られる「遊び」を確保することが非常に難しいのです。その意味では、子どもの「遊び」が不足する問題は家計の事情と切り離すことができません。

子どもの「遊び」にかまっていられない親が、その代理物としてすがるのが「企て」です。中でも、塾や習い事は、やってる感が得られやすいので、安心したい親としては便利なツールです。子どもが手から離れる上に、将来のために目的を見つけて成長していく子どもの姿を見ることができるわけですから、親にとってこれ以上のことはありません。こうして「遊び」を侵食する形で、ある目的を達成するための「企て」が子どもの生活の大半を占めていくことになります。

こうした「企て」には本来的に転倒が潜んでいます。私たちはある目的を達成したいから「企て」が生じると考えますが、そうではなく「企て」という欲求によって事後的に「ある目的」が召喚《しょうかん》されるのです。目的というのは初めから素朴にあるのではなく、目的的に動きたい私たちが目的的に動くために自らの手で立てるフラグの一種です。

こうして目的の達成を目指すというふるまいを手に入れたあとには、私たちが抱えていたもともとの不安の中身は忘れ去られ、目的の達成という情熱がそれに取って替わります。こうして、急場をしのぐためのプロジェクトが成立します。

このような意味で、目的というのはいつも自演性を含んでいるのですが、それを隠すために後付けでもっともらしい意義が語られることもしばしばです。こういった「企て」は、たいてい他人の欲求に乗っかることで成立してしまいますから、自分では何も深く考えることなく楽にできてしまいます。そして簡単にかりそめの充実感を味わうことができます。だからこそ中毒性があり、手放せなくなるのですが、「企て」は欲求であり際限がないので、しばらくするとまた苦しくなってしまいます。そしてその苦しみはさらなる欲求を喚《よ》び起こし、苦しみは一段と深まります。

私たちは、こうやっていつも自分で自分の首を絞めてばかりいます。だからそれを止めるためには、目的論に捉われない新しい行動の指標が必要になるでしょう。

先日の小六の授業でのことです。

ふだんから「僕は勉強が苦手」だと言うある男の子。算数のテスト中に手が止まってしまった彼と目が合ったので、私は「が・ん・ば・れ」と口の動きで伝えました。すると、とたんに彼は口元をきゅっと結んでもう一度答案に取り組み始めました。私はその一瞬の彼のまっすぐさをいとおしく思いました。相対的な苦手意識より、彼の中にある絶対的な「好き」こそを発掘して、いっしょに味わっていきたいと思いました。

学校や塾というのは、いかに子どもたちの「企て」を加速させるかということが最優先課題とされるような場所ですから、子どもを教える立場の私は、子どもを「企て」に駆り立てることを生業《なりわい》にしているとさえ言えます。でもそれは競争しても負け続けてしまう「弱者」にとっては苦しい場所です。スタートラインに立った時点で否定されたような気持ちになり、どうしようもなく動けなくなる子がいます。そのせいでわざと問題行動を取る子もいます。

だからこそ、教える現場にいる大人たちが、勉強が苦手な子に対して、あなたを見ていること、大切にしていること、出来不出来だけであなたを判断していないということを伝えるのはとても大切です。その手ごたえがあるだけで、彼らは下を向かずに生きていけると思うからです。

あの瞬間、口元をきゅっと結んだ彼がいとおしかったのは、それがあまりに無作為で脆《もろ》いものに見えたからです。彼はそのとき、ただ私の思いをそのまま受け取って、再び答案に戻りました。でも戻ったところで、彼が急に解けるようになる保証はどこにもないのです。彼には何の策もありません。策がないまま立ち尽くしてもう一度その手が止まったとき、彼はまた小さく傷つくかもしれません。そう思うと、私は彼をなんとかしてあげたいと思います。でも私ができることといえば、何度も「が・ん・ば・れ」と伝えることくらいです。

自分の脆さは、最終的には自分自身で引き受けなければ誰も代わりに引き受けてはくれないことを、私たち大人は知っています。だから、脆い自分を支えるためには戦略がどうしても必要です。それを実装したときに、私たちは「大人」になるのかもしれません。「企て」も生きのびるための戦略として、私たちが逞しくしてきたことのうちの一つです。

しかし、戦略は間違いやすいものです。「企て」は欲求とセットですから、初めから「満たされない」ことが織り込まれています。だから大人はすぐに自己否定の循環に陥ってしまいます。

でも、戦略を知らなかった子どものころの私は、きっとまだ間違っていなかったのだろうと思います。あの瞬間、何の策もないまま口元を結んだ彼のことを思い出します。そのたびに私は、彼は何も間違っていないと思います。そして、彼が間違っていないように、あのころの私たちも、彼と同じようにきっと間違っていなかったはずだと信じることができます。

　こうして日々子どもたちと過ごしていると、私たちの不完全さは、それ自体は間違いではないということに気づかされます。不完全さを満たそうとする私たちが、そのための手段を誤ってしまいやすいだけなのです。手段を誤ると決して満たされることがないから、私たちはたやすく自己否定のループに嵌ってしまい、そこから抜け出せなくなってしまいます。

　満たされない私たちは自分の不完全さを嘆き苦しみます。でもほんとうのところは、私たちの不完全さは何も間違っていませんでした。不完全さはむしろ、私たちを愛で満たすための器でした。私はこのことを、子どもたちから教えてもらったと感じています。

　あの愛すべき彼が、テストが解けなくても自分を否定せずに済む社会のことを私はずっと考えています。こんなことを言うと、でもお前はテストを押し付け、点数をつける側の人間じゃないかと思われるかもしれません。確かに私は彼を傷つけながら、それでも彼といっしょに生きていく方法について考えているという意味で矛盾しています。

　それでも私は矛盾の中でも彼と手を結ぶことを諦めたくないし、諦めてはダメだということを強く言わなければならないほどに現状は切迫していると感じながら、日々子どもたちと過ごしています。

子どもと意志

3

学問と祈り

数年前にモロッコに滞在する機会があり、ベルベル語で「神の国」という意味の名をもつ都市マラケシュを訪れました。四十度を超える炎天下の中、さまざまな場所を廻《まわ》りましたが、その中で最も印象に残っている場所のひとつにマドラサ・ベン・ユーセフがあります。

マドラサというのは神学校（高等教育機関）のことで、ベン・ユーセフは十六世紀に建てられたこの都市最大の学校です。しかし最大とは言っても、メディナの迷路の中で、何の変哲もない外壁に囲まれたこの建物を見つけることは容易ではありません。ツーリストたちは、路上で出会う地元の人――ときに灼熱《しゃくねつ》の太陽の下で目的地と異なる場所に散々連れ回したあげく不当な案内料を請求するガイドたち――の世話にならないと、なかなかたどり着けるものではありません。

ようやく到着してこの建物の中に入った客人たちは、たちまち驚嘆の声を上げるでしょう。一歩足を踏み入れるとそこは別世界。たった数秒前の喧騒《けんそう》が嘘のような静寂が広がります。

体に纏《まと》わりついた熱気を払うように首を縦横に振ったあと、ゆっくり深呼吸をします。そうやって心身の状態を切り替えると、とたんに緻密な美しさが体に染みるように入ってきて眩暈《めまい》がします。

イスラム建築の魅力は、内部にその美を秘めているところにあります。外側だけを取り繕《つくろ》うことが多い世界の中で、外観からは想像もつかなかった精密な美の世界が内部に宿されているのを目撃することは、それだけで眩《まばゆ》い経験です。壁面は艶《あで》やかながら、すべてがアラベスクの幾何学模様で飾られているために、知性的で落ち着いた雰囲気が感じられます。

マドラサが私に強く印象を残したのは、その建物が全寮制の学校としての形をそのまま保存していたからです。きらびやかな壁面をもつ中庭と礼拝室の周囲は二階建ての寮室群に囲まれていて、見学者はその小さな部屋の一つひとつを覗き見ることができるようになっていました。

寮室の中はとても質素なつくりで、天窓から外光をうまく取り入れることができる構造になっています。この狭い禁欲的な部屋で勉学に打ち込んだ、かつての若い学生たちの姿を想像しました。

神学校と言ったところで、きっとほとんどの人にとっては縁遠いものと思われるに違いありません。でも、私には人生で神学校という存在を身近に感じた時期があります。

私の実家は熱心なカトリックで、そのため私は幼少のころから毎朝教会のミサに通っていました。早朝五時に起床して、その三十分後には重い足どりで家を出ます。冬の朝はまだ真っ暗で、全身が凍るようなきんとした冷たさのなか、静まりきった暗い道をひとりで歩く寂しさが忘れられません。

私は五歳から約十年間「ミサ答え」と呼ばれる神父の侍者《じしゃ》をしていました。小学校に上がる前から教会の関係者に見初《みそ》められていた私は、中学に進学するときに神父やシスターたちから「神の道に進まないか」と声を掛けられました。そのちょうど一年前に一つ上の姉が修道会に入り、カトリック系の私立中学に進学するのを目の当たりにしていた私にとって、その誘いは、まるで初めから運命づけられていたことのような、怖ろしく現実的な声でした。姉が入った以上は、自分も大人の期待に応えなければならないのだろうかと真剣に考えました。しかし、大人たちの熱心な教えにもかかわらず、神の存在の是非についてさえ判断を保留していた私は、自分には信仰への意志も適性も不足していると考えて、神父への道を拒絶しました。人生で初めて能動的に自分の意志と呼べるものを示したのはこのときだったと思います。

地元の中学に入って驚きました。突然、大人たちが本音で語り出したように見えました。こんなに醜い世界に住んでいたのかと、教師たちの狡猾《こうかつ》さと、学校という狭い世界で起こるさまざまな理不尽に慄きました。これまでの小学校の教師たち、周りの大人たちは、いい人の仮面をかぶっていたのだ。あれがほんとうではなかったのだ。まさか、これがほんとうだったなんて。世の中は、社会は、こんなに汚れていて、暴力にあふれていたなんて。そう思いながら、教会にいた正しい人たち、いつも穏やかな神父や、いつも優しく呼びかけてくれたシスターの顔を思い浮かべては、ひそかにひとりで泣いていました。そして、ほんとうではなかった教会に背を向けました。こっちがほんとうなら、ここで生きのびる術を考えるしかないのだと拳を握りしめました。

私が通ったのは、平成の初め、一九九〇年ごろの田舎の中学校です。四方を田んぼに囲まれた、長閑《のどか》というにはのっぺりとしすぎた風景の上に建つ校舎の中では、教師による生徒への暴力とそれに対する報復、生徒同士の対立と抗争、恐喝や盗み、そして性行為に至るまで、さまざまなことが行われていました。非行グループが教師を制裁すると宣言して彼らの車を破壊し始めたので、その日を境に学校の駐車場からはすべての車がなくなりました。となりのクラスの担任だった教師は、おそらく「若い女の先生」というそれだけの理由で男子生徒たちによるセクハラといじめのターゲットとなり、精神を病んで二学期の途中から学校に来なくなりました。

そして、小学校時代からの大切な友人、最も身近な友人のひとりがいじめに遭いました。彼は成績優秀で頭の回転が早い人でした。嫌味にならないユーモアと機転の利いた優しさとを兼ね備えていて、彼が持つ性質のすべてに私は魅力を感じていました。そんな彼が「ガリ勉」のレッテルを貼られて人格を矮小化《わいしょうか》された結果、一部の同級生らに疎《うと》まれ、単なるストレス発散のはけ口として暴力を振るわれました。それが日常的に続きました。別の友人たちは自分の身を守ることで精いっぱいだったのか、誰もそんなことには気づいていないように何も話そうとはしませんでした。次は我が身なのです。もう諦めているというか、ただ我慢していまをやり過ごす、そう考えているように見えました。でも、それは私にとって意外なことでした。私は周りの友人たちのことをどこかでヒーローだと思っていて、とても勇敢だと信じていたからです。でも怖くて何もできないという意味では、私も彼らと同じでした。私は何度も学校の先生に相談しようと思いました。相談するために手紙まで書きました。でも結局のところ渡せずじまいでした。私は意気地《いくじ》なしでした。そして、信頼できる大人がいないことを恨みました。なぜ大人の誰かが手を差し伸べてくれないのかと思いました。「見て見ぬ振りもいじめです。」テレビのコメンテーターが言ったその言葉が、どうしようもなく心に刺さりました。

ある寒い日の夜、私はおもむろにふとんから出てその上に跪《ひざまず》きました。そして、人生で初めて神様に祈りました。

「○○くんを助けてください。○○くんを助けてあげられなくてごめんなさい……。」

その夜から、毎晩親に気づかれないようにふとんから身を起こして跪き、神様に祈りました。「○○くんを助けてください。」

祈るときに震えながらつけた電気ストーブの肌を焼くようなじりじりとした熱さを、昨日のことのように思い出します。

幼いころから、私の頭の中ではずっと大きな疑問がくすぶり続けていました。なぜ親や親戚たちが神を信仰しているのか、神父やシスターが神の存在を語るのか、いったい彼らがどんな根拠をもって神の何を信仰しているか、皆目見当《かいもく》がつかなかったのです。さらには、それを疑うこと自体が罪となることを知って、深く慄きました。「あなたは私を見たから信じたのか。見ずに信じる者は幸いである。」ヨハネ福音書二十章のイエスの言葉は私を動揺させました。見ずに信じることができない自分は、罪深い人間なのだ。それなら、このことは誰にも言えないと思い、その疑いをできるだけ他人から見えないところに封じ込めました。

マドラサ・ベン・ユーセフの寮室が並ぶ回廊を歩いているとき、私は不意に、ああ、そうだったのか、と呟きました。あのとき電気ストーブの前で「僕はできることをするしかない、僕にできることは祈ることしかない。」そういうものに衝き動かされていた時間、あれこそが私の信仰だったと思い至りました。そのときまで、私は神を信じていない、だから信仰をもっていないと思っていました。でもそうではありませんでした。あの祈りが信仰そのものでした。

大人たちの思考停止の信仰に抗《あらが》い続けたつもりが、私も確かに信仰していたのだ。そう気づいたとき、頭の裏のほうに鋭い痛みが走りました。ああ、初めに信仰があるのではなく祈りが信仰の輪郭をつくる、それを誰かが先に教えてくれたならこれほどの逡巡《しゅんじゅん》はなかったのに。

学問だってそうかもしれません。子どもたちは幼いときから勉強を「しなければならない」ものとして与えられます。でも、もしそんな無理な与え方をされなければ、彼らには自ずと学問に出会う瞬間があったかもしれません。学問も信仰も、「しなければならない」ものとして出会うのはとても不幸で、場合によっては取り返しのつかないことです。

「しなければならない」ことをしくじってしまった自分を、何かが欠けたような存在だと感じたまま生きている人は多いです。でもその人たちは、出会う順番を間違えただけだということが、いまならわかります。

学問や祈りに「ほんとうに」出会うことができなかった人は、どこか欠落を抱えた哀しみとともに生きざるをえません。だから、私たちはもっと出会うことを大切にしなければなりません。「一期一会」という言葉には、出会うことは良くも悪くも取り替えのきかないものだという意味も含まれている気がします。

マドラサ・ベン・ユーセフの質素な寮室を覗き見たとき、神と近しかった過去のことが鮮やかに蘇《よみがえ》りました。かつてこの部屋で学問に勤《いそ》しんだ学生の孤独に、懐かしさと親しみを覚えました。学問を通して人は自分の孤独と親しくなる。かつてここはそういう場所でした。

きっと、学問と祈りは近接しています。学問は、祈りと同じような深厚な動機がなくては、成しえないものではないでしょうか。いまの私にとって、祈りは少し縁遠いものになってしまいましたが、マドラサ・ベン・ユーセフは、学問と祈りとが折り重なる場所として深く心に刻まれました。

死にがいを求めて生きている

ボクはもう　うんと強いかたまりになった
かなしみはかんじない　もうまけることもない
インターネットで好きな記憶を選んで
なみだのいみもわすれたさ　もうまけることもない

マヒトゥ・ザ・ピーポー「かんがえるけもの」

平成というのは、あらゆるものが「平らに成った」時代でした。それは、私たちの生活から歴史的な意味が蒸発していった時代であり、それに並行する形で家や家族の意味も変化していきました。親と子の関係も平らになり、フラットで対等な関係が良いものとされるようになりました。

それと並行するように、歴史性や特定の価値観を持たない主体性が脆弱《ぜいじゃく》な若者が増えました。私は日々の子どもたちとの関わりの中でその脆弱さを逆手《さかて》に取るような形で、別の新たな可能性を秘めた主体が芽生えようとしていることを実感しています。

私たちの教室には高校生を対象とした「ディスカッション」という授業があります。この授業では、高校生たちが、教育、いじめ問題、差別、ジェンダー、物語、宗教、哲学、芸術、資本主義経済、民主主義、グローバル化、歴史、国家、正義、戦争と平和など、毎週ひとつ決められたテーマをもとに、少人数で率直な議論を交わし合います。議論というと少し硬いですね。それはまったく形式ばっておらず、ライブの緊張感とワクワクにあふれていて、お互いの言葉のやりとりによって新たな現実が生まれるのをひたすらに楽しむ時間です。そこではまさにアクティブ・ラーニングを地でいくような濃い時間が子どもたち自身によって展開されています。

先日のディスカッションの授業のテーマは「私の未来」についてでした。以前、「人生の幸せ」をテーマに話したときに、「幸せについて考えるのは野暮《やぼ》」「幸せというのは自分の外にはなく、自分の内なる実感にしかないから」「幸せというより安定さえあればそれでいい」というような結論めいたものが出たこのクラスで「私の未来」についてはどんな言葉が出るか楽しみにしていたのですが、そのとき高一の清丸くんが話し出した内容は私の想像がまったく及ばないものでした。

「僕の未来には希望しかありません。」清丸くんはそう言います。「将来に対する不安というのは特にありません。」彼はいかにもきっぱりとした口調でそう言います。私はなぜ彼がそう言い切れるのかがわからないので、なぜ？　どういうこと？　と尋ねます。すると彼は「わからないときは未来の自分に聞けばいいんです」と言います。彼の言っていることが一向にわからないので、未来の自分って何？　清丸くん、預言者なの？　私は矢継《やつ》ぎ早《ばや》に尋ねます。清丸くんは、「未来の自分は間違ってないじゃないですか。未来の自分は選びとられた自分だから完璧なんです」と言います。私が、いやー、わからないなーと首を傾げていると、高二の悠太くんが「それって完全にゲーム的な人格からきてるよね」と突如言葉をはさみ込み、清丸くんが「そうそう、確かに！」と勢いよく首を縦に振りながらそれに同意します。

彼らのやりとりを聞きながら、私は十年ほど前に読んだ哲学者、東浩紀《あずまひろき》の著書『ゲーム的リアリズムの誕生』（二〇〇七）を思い出していました。この本には、ゲーム的な人格の特徴として、「キャラクター的な自己」「複数の物語を生きている＝生の複数化」「文学的な内面を持つ」「死んでもリセット可能」等が挙げられています。主体性の根拠を失った若者たちが「不能であるがゆえに」逆説的に「全能であることができる」ようなゲームオタクになっていくさまがこの本には描かれています。彼らが獲得するのは「視線としての私」という全能感であり、それが若者たちの「萌《も》え」の正体であること等が詳《つまび》らかにされています。

もしゲーム的人格を支えるのがこの全能感であるとすれば、清丸くんの「未来の自分」についてもイメージすることが可能になります。

プレイヤーはゲーム上でさまざまな選択をします。たったひとつの選択がエンディングを大きく変えてしまうかもしれないという緊張感の中で幾つもの選択が行われ、それに従って物語が展開していきます。

このときプレイヤーには、選びとられた私とともに、選びとられなかったもうひとりの私がほのかに見えています。つまり、プレイヤーはこのとき、現在の選びとられた私とは別に、選びとられなかった私をも想像的に生きています。選びとられなかった私は、選びとられた私と別の在り方で美しい世界を生きています。こうして私は複数の世界を同時に生きています。選びとられなかった世界の私は、選びとられた現在の私をまばゆい光で照射します。そうやって複数の私が互いに乱反射を繰り返し、私が別の私を温かく包み込みながら、ゲームは終末に向かいます。

こうして、複数の世界を同時に生きる私が終末に向かって走り出すとき、ゲームの仕掛けとして、それまでの苦渋の選択のすべてを祝福するかのような救済がプレイヤーの前に現れます。そうして、各プレイヤーの選択の一つひとつが間違いではなかったことが明らかになり、私の選択の正しさをもうひとりの私たちが称賛します。「おめでとう！」「おめでとう！」「……おめでとう。」新世紀エヴァンゲリオンTV放映版の最終話さながらに、祝福の輪が広がります。こうして「全能感」を満たす形で、ついにゲームが大団円を迎えるのです。

彼らがそのようなゲームの世界になじんでいることを考えれば、先に清丸くんが言った「未来の自分に聞けばいい」という言葉の意味がようやく理解できる気がします。

ゲーム的人格を自覚的に生きる清丸くんの話を聞きながら、これは決して若い彼らだけの話ではないということに気づかされました。実は私たちもとっくにゲーム的な生き方を選んでいるのです。ただ、私たちは彼らほどそのことに自覚的でないだけで。

オリンピックで金メダルを取るのも、受験で合格を果たすのも、出世コースを邁進《まいしん》するのも、人間の生存には何の関係もありません。これらはある種のゲームです。ボードゲームの「人生ゲーム」(タカラトミー)は、私たちの経済活動、さらには家族や交友関係さえも、本質的な部分でゲーム的であることを逆手に取ったものです。そして、私たちがボードゲームの「人生ゲーム」をするときに、おもちゃのお金の実効性を仮に認めることで初めてゲームが成立するのと同じ理由で、現実社会でもお金の効力を信じて、それを商品交換に用いているから現実世界が成立します。

私たちはこうやって実際に「世界経済」とか「資本主義」と呼ばれるゲームに参入しています。「学校」や「職場」、そして「家族」さえも、そこにゲーム性があることを否定はできません。私たちがこれまで現実と見なしてきたことと、新しい子どもたちのゲーム世界の間には、いまや明確な境界を確定することはできません。

そう考えると、いまゲームの中で自足しようとしている若者たちは、現実が解体された荒野を、言い換えればゲームというメタな現実を、生きのびようとしていることがわかります。だとすれば、「ゲームに参加している」という事実にさえ気づいていない大人たちが「ゲームの奴隷」であるならば、一方の彼らはむしろ、自分たちの明るい未来を保証してくれるゲームの確実性に目をつけて、それを積極的に活用しようとする「ゲームの請負人」と言えるのかもしれません。現在のゲームのトレンドはＲＰＧからマインクラフト型に変化しました。つまり、攻略すべき課題を与えられるのではなく、自分で理想の世界をつくることに重きが置かれるようになりました。与えられた課題を解く時代は終わり、課題は自らがつくり上げた世界の中で、自らの欲求を満たすために反復されるタスクに様変わりします。

自らが与えられた課題をこなすだけの「ゲームの奴隷」であることに気づかなかった大人たちの中には、受験戦争や出世競争、幸せ家族ゲームから脱落して、深い失望と怒りに苛《さいな》まれたままの人も少なくありません。一方で、新しい子どもたちはゲーム本来の特性を生かして自らの理想世界を構築することで、より確実に快楽を得ようとします。彼らは自分が何を欲求していて、何の奴隷になっているかを知った上でそれに甘んじようとするのですから、旧世代よりはるかに賢いと言えるかもしれません。自らの主体性の脆弱さを逆手に取る彼らは、ゲーム的リアリズムの中に自己の欲求を置くというふるまいを獲得し、それによって人生の安寧さえも手に入れようとしているように見えます。

私たちは、自分自身が育った世界観以外をなかなか認めることができません。例えば、高度経済成長期に、親の旧来の価値観を踏みにじってまで「競争して他人に勝つべきだ」「勝って社会的に相応の身分を手に入れるべきだ」という新しい価値観を、それこそ死に物狂いで手に入れた世代の人たちがいます。彼らはいまだにその階層的価値観から抜け出せずに、子どもに自分が獲得した時代特有のものでしかない価値観を押し付けようとする傾向があります。

このような現象は、その世代以降の人たちにとっても決して他人事ではありません。私たちは多かれ少なかれ、自分が生まれ育った世代のゲームに参入していて、無自覚にさまざまな価値観になじみ、縛られています。そのせいで、別の世代に固有な価値についてはそれを見出したり評価したりすることがなかなかできないものです。（社会学者の見田宗介は『現代社会はどこに向かうか　高原の見晴らしを切り開くこと』（二〇一八）の中で、人々の間の家族観の相違は、男女差よりも世代による差のほうが圧倒的に大きいことを指摘しています。性差以上に世代のほうが人々の価値観に対して大きな規定力を持っていることは、世代間の相互理解のためにもっと強調されてもよいと思います。）このことから考えると、老後という言葉に寂しい印象がつきまとうのは、老いそのものよりも、いつの間にか時代の価値観から取り残され、自分より若い人たちとのコミュニケーションに不具合が生じるからではないでしょうか。

自分自身が育った世界観以外を認めることは、自分が歩んできた人生の方法を否定しかねません。だから多くの人はそれを嫌がります。でも、その意固地さのせいで、年齢を重ねるとともに心の孤立感が増していくとすれば寂しい気がします。だから、私は新しい子どもたちのことを知りたいと思います。

3
子どもと意志

先日、あるお母さんが「何のために勉強しているか、この子がもう少しわかったらもっと勉強すると思うんですけど」と中一の息子の前で話していました。そのときに、「えー、じゃあー、お母さんは何のために働いているのー?」とその子が無邪気に聞き返しました。突如彼の口から飛び出したお母さんへのカウンター。彼女はしばし唖然《あぜん》としたあと、ぶすっとした表情になって「あなたたちが学校に行ったり塾に行ったりするためでしょー!」と応答しました。それに対して彼がさらに「えー、僕、頼んでないよー」とまた悪びれもせず返すので、思わずお母さんと顔を見合わせて笑ってしまいました。

歴史性を失うというのは、きっとこのような事態のことを指すのではないでしょうか。そして、平らに成るとはこの現象を意味するのではないでしょうか。働くことに積極的な意味が見出されないこと、明確な生きる目的を持つような統合的な人間が想定されないこと。これらによって浮かび上がってきたのが、「ゲーム的人間」という新しい人間の特性です。

社会のため、家族のため、幸福追求のため。そういう方便が通じないのがこれからの世界です。平らに成る、歴史性がなくなるというのは、そういうことです。

とは言え、それはこれからの時代は生き方についての倫理がなくなって野放図になるということを必ずしも意味しません。いままでと比較して生き方に真剣さが足りないというわけでもありません。それはむしろ、旧来の「〜のため」のような目的論が根ざしていた世界の虚偽性が明らかになることで、自らの足で歩むことができる可能性が生じるということです。その意味でこの変化はむしろ歓迎すべきことなのかもしれません。

日々の生活を現実のすべてだと考え、そこに人生の本質のようなものを見出す人たちにとっては、自分の信じる現実が一種のゲームだなんて容易に受け入れられることではありません。だから彼らは、若者のゲーム的な生き方を軽薄だと見下すことで、それを自分とは異質なものとして意識の埒外《らちがい》に置こうとします。でも実のところ彼らは、自分がいつの間にか浸ってしまって抜けられなくなっているゲーム的世界を他人に暴かれかき乱されることを恐れています。恐れるからこそ、そのメタ現実を直視しないで済むように、波風を立てず注意深く日々を生きているように見えます。

しかし、新しい子どもたちは、私という重苦しい主体を易々《やすやす》と飛び越え、自らをキャラクターに変えてゲーム世界に飛び込んでいきます。この事実は私たち大人を驚かせます。彼らと私たちとでは、そもそものOS《オーエス》が異なっているのだろうか。そんなことを考えさせられる瞬間です。


でも、新しい子どもたちにも苦しみはあります。「僕の未来には希望しかない」と言った清丸くんに対して、悠太くんはこう言いました。「その未来は「設定」でしかないからね。その設定が崩れたら、君は危ないよ。」

悠太くんのそのとっさの言葉に私はぞくっと震える思いでした。「設定」という言葉から、数日前に読んだばかりだった小説家、朝井リョウのインタビュー記事を想起したからです。

朝井はインタビューの中で、二〇一二年に起きた『黒子のバスケ』の脅迫事件について触れています。当初、脅迫事件の犯行動機は、漫画家として成功している作者に対して犯人が嫉妬したことだとされていました。しかしその後の意見陳述において、報道等で世間に流布《るふ》していたそのもっともらしい動機について、犯人は「そういう設定」だったに過ぎないことを明らかにしたのです。彼の一連の脅迫は、作者個人に対する攻撃というよりは、自分が生きていることを朧《おぼろ》げにでも実感するための示威《じい》行為だったのです。

平成は、個人間が「平らに成る」時代でした。運動会では勝ち負けを決めず、テストでも順位や偏差値を出さないことが求められました。一番（＝ナンバーワン）を取るのではなく、個性（＝オンリーワン）を尊重して、それを伸ばすことが大事だと、それが倫理だと、平成の若者たちは教えられて育ちました。

しかし、このことはかえって若者たちを苦しめました。そこに待っていたのは、表向きは競争が存在しないように見えて、それでも自分の価値を定めるために、心の中で他者への勝ち負けのジャッジを繰り返すという彼らの新しい現実です。これについて、朝井は別のインタビューの中で、「私は多様性という言葉から、自分で自分のことを決めていい快適さと同時に、自分で自分の意義や価値を見出していかなくてはならない地獄も受け取った実感があります」と語っています。この新しい「地獄」の中で、自分で自分の価値を見つけなければともがけばもがくほど、彼らの心には小さな自己否定が積もっていきます。そうやって内側から自身を腐らせてゆき、「何者でもない自分」に負けて「自滅」（朝井）してゆく若者たちの姿がそこにはありました。

『黒子のバスケ』脅迫事件の犯人は、「いじめられっ子」として、同級生だけでなく、先生や親からも謗《そし》られ続けて生きてきた人生を明らかにしながら、将来に何の希望も持てないまま、もう死んでもいいと思っている自身のことを、逆説的に「無敵の人」と呼んでいます。彼は、自分の考えていることは「ほとんどの人には理解できないだろう」と語っていますが、「無敵の人」として、死ぬ前にせめてもの思いで自らが設定した仮想敵と戦う彼の姿は、平成の若者たちとの親和性を強く感じさせます。生きる積極的な意味を奪われた彼らは、「生きよう」というモチベーションが希薄になり、「人生に何らかの意味を残して死ねたらいいな」という感覚だけで生きているように見えます。

「俺は、死ぬまでの時間に役割が欲しいだけなんだよ。死ぬまでの時間を、生きていていい時間にしたいだけなんだ。自分のためにも誰かのためにもやりたいことなんてないんだから、その時々で立ち向かう相手を捏造《ねつぞう》し続けるしかない。何かとの摩擦がないと、体温がなくなっちゃうんだよ」

「雄介」

「雄介が探してるものって、生きがいっていうより」

「死にがい、なんじゃないの」

朝井リョウ『死にがいを求めて生きているの』

関係性、それ自体が私なんだ

@Cernobyl

善意のない人（ポイ捨てする人とか）を見て悲しくなったりムカッとしたりしてたけど、善意のない人がいるというより、人が善意を失う状況（生活に余裕がないとか、つらいことがあったとか）があって、それは誰にも確率的に起こるのだとすると「人」に感情を向けても仕方がないなと思うことが多くなった

12:41 – 2018.7.1

今朝、起きてすぐにツイッターを眺めていたら、ふとこのツイートが目に飛び込んできて、そうそうと思いました。

私たちは誰かのことを「良い人」「悪い人」と考えがちだし、自分のことを「私には

こういう悪いところがある」と反省した結果、「私はダメな人間だ」という結論につい陥ってしまいがちです。

でも、実のところは「良い人」「悪い人」という実体は存在していなくて、ただ単に周囲との関係性や環境から、この人は「こういうふうになった」と考えたほうがいいのではないかと思います。そのほうが、誰も憎まなくて済むし、自分自身を含む諸問題をひとつの現象としてクリアに考えられるのではないでしょうか。

善悪に限らず、現象として見ることで実際の姿がより鮮明に見えるようになることはあります。

例えば「やる気がない」子どもについてもそうです。大人は子どものやる気のなさを責めがちで、実際に子どもに対して「やる気を出しなさい」と言葉を掛ける場合さえあります。でも、少し考えればわかることですが、やる気は出せと言われて出るものではありません。嫌いなピーマンを目の前に「さあ、食欲を出しなさい」と言われて自ら食欲を湧かせることができる人がいるでしょうか。やる気を出しなさいというのは、ない欲望を出しなさいと言っていることと同じなのに、大人はなぜそんな無理難題を子どもに押し付けようとするのでしょうか。

大人は「この子はやる気がない」と思って執拗に声を掛けます。でもこれが誤りで、実のところはやる気がない子は存在しないのです。彼らはたまたまやる気がない状態なだけです。

私は最近、子どもと接するときにそのことを意識するようになりました。Ａくんが宿題をやってきていないのは、彼が「やる気がない子」だからではありません。むしろ、やる気がない子という決めつけ自体が、彼をその場所に踏みとどまらせてしまう原因になります。

「Ａくんはね、実はやる気がないのではなくて、いま、たまたまやっていないだけなんだよ。」そう言葉を掛けると、Ａくんは表情を変化させます。彼ははっとして、いまの自分の状況と、自分が持っているはずの見えない欲望について思わず考え始めてしまいます。そうして、必ずしもやる気がないわけではない別の自分を確かに発見します。子どもが変化するのはそこからです。

「ユマニチュード」というケアの技法があります。これは現在、国内外の認知症高齢者のケアの現場などで大きな成果を上げている方法です。

ユマニチュードがおもしろいのは、認知症の人は意思疎通が困難であるという常識的な判断を初めから退けているところです。このケアでは、認知症の人たち一人ひとりの目を見て、声を掛け、体に触れて、「私はあなたを見ていますよ」というメッセージを、ケアを通して伝え続けます。こうして、あなたはそのままで十全なのだというメッセージを受け取った患者たちは、自らが本来持っていた生きる力を呼び覚まされ、生き生きとした心を取り戻してゆきます。

ユマニチュードの技法は、私たちが人と接するときに配慮すべき最も基本的な作法を思い起こさせてくれます。

例えば、学級で子どもたちの前に立って話す教師たちが忘れがちなのは、「あなたを見ていますよ」という教室に座る一人ひとりの子どもたちへの尊厳の眼差しです。

私は授業中に集中していない子がいると、「○○さん、私はいまあなたに話しているんだよ。あなたは集団の中の一人だと思っているかもしれないけれど、そうじゃない。私はあなたに話しているんだよ」とたくさんの生徒がいることとかかわりなく、その子ひとりの目を見ながら話すようにしています。集団の中の一人に過ぎない子どもに対し、そんな呼びかけをすることを詭弁《きべん》だと考える人もいるかもしれません。でも私は、相手が集団であっても、私のほうがあくまで相手を集団扱いしないことによって、一人ひとりの尊厳を保持したままに授業運営をすることは可能だと思っています。私はいかなる集団相手の授業をするときも相手のことを集団（=all）とみなしていないし、むしろ集団という考え方こそが錯覚であって、一人ひとり（=every）が座って話を聞いているだけだと考えています。これは作法というよりは、そのほうが感覚的に自然だからです。考えているというよりは、感じているというほうが実感に近いかもしれません。

しかし、私自身が中高生だったころのことを思い出すと、私は目の前にいる教師のことを単に「先生」として見るだけで、教師一人ひとりの背後には人間らしい生活があり、一人ひとりが「先生」である前に人間なのだという当たり前のことを想像さえしませんでした。つまり、先生たちを生きた人間というよりは、ひとつの役職（=ポスト）として記号のように見ていたのだと思います。しかしこれは、もしかしたら先生たちが子どもたちを集団として見るだけで、私のことを人間扱いしてくれなかった、そのことの裏返しの反応ではないかと思うのです。（すべての先生がそうだったわけではないことは、わかっているつもりですが。）

いま、子どもたちが毎日のように学校の先生の悪口を言っているのを聞いていると、やはり彼らも先生は「先生」である前に人間なのだという当たり前の想像力に欠けていると感じます。でなければ、あんなに人格を全否定するような言葉が次々に出てくるわけがありませんから。
学校における教師と生徒の間の問題は、元をたどればすべて、お互いを社会的役割として見ているだけで、人間として見ていないところにあるのだろうと思います。だから、ユマニチュードのケアの技法が患者を「患者」である前に、一人の人間として扱うことで成果を上げたように、学校の教師たちも、生徒を「生徒」である前に一人の人間として扱うことで、もつれた関係性はきっとほどけるはずです。生徒たちも先生を一人の人間として見るようになるので、お互いがいたわり合い、認め合うような関係が生まれるに違いありません。

『「ユマニチュード」という革命　なぜ、このケアで認知症高齢者と心が通うのか』（イヴ・ジネスト、ロゼット・マレスコッティ著　本田美和子日本語監修）によれば、ユマニチュードの理論においては、介護者ができることはケアであってキュア（＝治療・治癒）ではない、ということが強調されます。なぜかと言えば、キュアという言葉の裏には、「キュアできる主体がある」という前提が潜んでいるからです。つまり、認知症は治癒すべき症状であり、認知症患者は治癒すべき症状を宿した主体であるという認識が抜きがたく存在するのです。

しかし、ユマニチュードにおいてはその前提こそが誤りのもとだと考えます。認知症の人たちに接近することで私たちが気づくのは、認知症の人たちも私たちも、それぞれの世界を生きているという当たり前の事実です。でも、その世界どうしがうまく関係性を結べないとき、私たちは認知症の人たちの側に「問題がある」と考えます。認知症の人たちに認知に関する「問題がある」せいで、私たちは彼らとのコミュニケーションを十分に為しえないと考えてしまうのです。

でもほんとうは認知症の人たちの側に問題があるのではなくて、単に私たちと認知症の人たちの間の「関係性」の問題に過ぎないのではないでしょうか。もしかしたら、私たちのほうこそ「関係性」の障害を患っているのかもしれないのです。だからこそ、ユマニチュードではその「関係性」自体を取り戻すことに主眼を置きます。

私と相手との関係性の綻《ほころ》びに気づき、それを修復しようと心を砕くだけで、相手の「問題」が消える瞬間に私たちは立ち会うことができます。

@zhtsss
83歳の祖母が少し認知症だというので、僕の部屋を完全に昭和23年に設定し、僕はお茶を出してあげて、田端義夫に近江俊郎に小畑実をかけてあげて喫茶店

みたいになってる。いい感じ。おばあちゃん16、7歳になってるらしい笑。認知症まったく感じられず。

20:02 -2018.6.21

@zhtsss

おばあちゃん号泣してるー。。二人で今度はドライブで佐世保にいった。おばあちゃんが生まれた場所あたりを二人でドライブ中。グーグルマップで。記憶喫茶。

20:49 – 2018.6.21

これは作家の坂口恭平による二〇一八年六月のツイート。彼はこの日、認知症のおばあちゃんではなく、単にいま目の前にいるおばあちゃん（十六、七歳のおばあちゃん）とそのままに向き合うことで、いつの間にか彼女といっしょに昭和二十三年にトリップしてしまいます。そうしたら、意志の疎通が困難なはずのおばあちゃんが号泣したのです。おばあちゃんには問題なんてないよ。坂口はそのことを知っていて、ただ彼女のそばにいたら、自然に「記憶喫茶」をやることになったようです。その情景を思い浮かべるだけで、なんだか心がほぐれるエピソードです。

私は仕事柄、ひきこもりの子ども(とは言ってもその多くが成人している)について相談を受けることがあります。このときに家族と話していて気になるのが、ひきこもりの原因を本人の内向的な性格や非社交的な気質に求める親が多いことです。もちろん、それを原因のひとつとして考えることは必ずしも間違いではないのですが、子どもを守るべき家族が子の性格や気質をあれこれと決めつけて嘆くことは、決定的に当人を傷つけ、彼らを現状から一歩も動けなくする原因になります。

だから、ひきこもりは当人にその原因を求めるのではなく、何らかの環境の作用によってたまたま社会から外れてしまった人が、そこに再度参加することが難しくなってしまった状態だと考えたほうがよいでしょう。誰にだってひきこもりになる可能性はあるのですから。このことを家族が理解しているかどうかは、当人がひきこもりの状態を抜け出すための重要な条件になります。あなた自身には問題なんてないよ。そうやって家族が本人への認識と対応を変えるだけで、ひきこもりの状態が劇的に好転することさえあります。

ひきこもりではなくても、学校や塾を休みがちになり、子どもが家からなかなか出られなくなることはよくあります。つい先日も、次のようなことがありました。

年に二回の三者面談に、お父さんと中三の航《わたる》くんがやってきました。彼はこの半年、塾が嫌いなわけでもないのに連絡もなしに三分の二以上の授業を休むようになっていて、さらに学校のほうも半分以上休んでいるとのことで、私は心配していました。

「先生、実は半年前にうち離婚しまして。俺ら夫婦のごたごたのせいで、息子がちょっとねじくれちゃった印象があって。私もなかなか家に帰れない日が多いですからね。だから彼には悪いなと思ってますよ。」

航くんのお父さんは画家として生計を立てている人です。最近の航くんの出席状況について私が話すと、お父さんは彼のことではなく、この半年の間の家庭状況の変化について話し出しました。まるで絵筆を動かすように落ち着きなく上下に手を動かしながら、深刻な内容をまるでおもしろいことのように話すお父さんはちょっとコミカルです。お父さんがいかにもごめんなぁという顔で航くんのほうを見るので、彼は愛嬌たっぷりの顔でふふふと笑っています。私は、この親子はきっと大丈夫だと思いながら、いっしょにふふふと笑いました。

夫婦の間にはいろいろなことがあります。親と言っても単にひとりの人間なのですから、その弱さのせいで子どもが大きく影響を受けることもあります。実際、航くんはそれまでお母さんに頼っていたのに急に頼れなくなって、学校の遅刻や欠席も増えたし、塾にもちゃんと来ることができなくなりました。夜通しゲームをする癖がついてしまったらしく、寂しさのせいで無気力になった時期もあったかもしれません。

それでも、お父さんはこうやって何も隠しだてせず正直に航くんに謝りました。やらかしちゃってごめんなと。お前ちょっとねじくれちゃったけど、それ俺らのせいだよね、ごめんな、と。

航くんは、実はお母さんよりずっとずぼらなお父さんに内心ムカついています。私はその二週間くらい前に彼からそういう心境を聞いていました。でも、その面談で話をしているときは、航くんはお父さんを前に安心したような顔をしていました。お父さんも僕も、なんだかしょうがないなあと、彼はいまの状況をそのままに受け入れているように見えました。

うまくやれるかどうかわからない不安定な時期は、その不安定さごと受け入れることが大切なのに、なかなか私たちはそれができないものです。改善したいけれどできないことに煩悶《はんもん》し、自分の首をさらに絞めてしまいがちです。でも、航くんとお父さんはいまの不安定な状態を受け入れることがなんとかできていると感じました。私もこの親子について、あまり心配し過ぎないようにしなければ、と思いました。

航くんはこれからもしばらく寂しさが続くかもしれません。お父さんも彼のことを十分にはフォローできないから、航くんのストレスが急に消えるということもないでしょう。それでも、ふたりはそのうちなるようになるだろうな、少なくとも最悪な状況にはならないだろう。航くんとお父さんの様子を見ながら、私はそんな気がしました。

子どもというのは、大人以上に周囲の環境の影響を受けやすい存在です。だから、子どもに変調があったときには、悪い方向にいっているのではないかと子ども自身にその原因を探すより前に、子どもの周囲の環境（家族や学校の状況）について考えてみたほうが近道のことが多いです。子ども自身に原因があると考えるのではなく、かと言って子どもの環境が悪いからと外部のせいにするわけでもなく、この子はこの環境だとたまたまそういう状態になるんだと考えたほうがよいでしょう。

夫婦間に問題があると、それが子どもに影響することを危惧する親は多いのですが、子どもがぐずるときに、それを子どもだけのせいにせずにいまの状態をそのまま認めてあげさえすれば、夫婦の問題のみで子どもがダメになってしまうことはありません。

ふだんの家庭での子育てにおいても、子どもに「問題がある」、子どものこういうところが「悪い」と考えることが多々あるかもしれません。でも、「あなたのここが悪いのよ」と考えるのではなくて、私と子どもの関係性に綻びがあるのだ、そう考えることで、もつれた糸がほどけることがきっとあります。なぜなら、私たちは関係性そのものでできていて、私たちには本体はなく、単に現象のみがあるからです。

この考え方は、きっとあらゆる人と人との間の関係を考える上で大切なものです。家族でも職場でもそうですが、何かがうまくいかないときに、責任を誰か一人（や少数）に負わせようとする傾向があります。そうやって誰かの人格を責めて、その人を追い詰めてしまうことがあります。

しかし、うまくいかないのは、どんなにその人だけのせいに見える場合でもそうではなくて、その場にいる一人ひとりが何らかの原因をつくっているものです。むしろ、自分が正しいと思っている人たちが一人を断罪しようと犯人捜しをすることに、うまくいかない元凶があるかもしれません。集団の均衡を保つためにと、一人の弱い人間をみんなで責める行為（＝スケープゴート）を自分自身に許してしまうところが誰しもあるのではないでしょうか。

家族にしても職場にしても、構成員一人ひとりというよりは、その間の関係性のほうに主体があります。だから、家族や職場において何らかの問題があるときに、それを誰か一人だけのせいにすることは決してできません。

人間は「人の間」と書きますが、人と人との間の関係性、それによって生じた現象、それが私であり、あなたです。そう考えることで、私たちはもう少しだけ肩の荷を下ろして生きていくことができます。

意志と責任

子どもに対して、「がんばる意志（＝やる気）を見せなさい。目標を持ちなさい」と迫る親は、子どもが意志や目標をなんとか無理やりに絞り出したとたんに、「自分でがんばるって言ったんでしょ！」とそれを表明した「責任」を子に取らせようと血眼《ちまなこ》になります。

このように、意志や目標というのはたびたび大人が子どもに「責任」を取らせるための罠《トラップ》として使われます。だから、言質《げんち》を取られることに気づいた子どもはきまって無口になります。すると頑《かたく》なに意志を示そうとしない子どもを見て、親は「うちの子は意志を示さない」「やる気がない」「何の目標もない」と他人に愚痴ります。本人がいる前でも平気で、むしろ本人に当て擦るように「この子は何を考えているかわからない」と言います。これは親子関係におけるひとつの地獄です。

國分功一郎《こくぶんこういちろう》の『中動態の世界　意志と責任の考古学』（二〇一七）は、「中動態」という哲学的な概念を切り口に、私たちが「意志」と「責任」の周りで何を行為しているかを徹底的に考察した本です。

意志は、西洋文化においては、もろもろの行動や所有している技術をある主体に所属させるのを可能にしている装置である

ジョルジョ・アガンベン、上村忠男訳『身体の使用　脱構成的可能態の理論のために』

國分はイタリアの哲学者ジョルジョ・アガンベンの言葉を引用しつつ、「意志」という概念を使えば「行為をある人に所属させることができる」という重要な指摘をします。私たちは「意志」を使って行為を誰かに所属させることで、その人物に行為の責任を負わせることができると信じているのです。

私は確かにこのような光景を親と子の間に見てきました。

小中学校受験をする子どもの親の中には、「子どもの意志を尊重して」受験させたこ

とをやたら強弁する人たちがいます。その親たちは、受験が大人の押し付けではなく本人の意志なのだと主張することで、自身が本人の自主性を尊重する親であるとアピールしたいのでしょう。私たちの押し付けではないと言いたいのでしょう。もちろん、本人の意志に逆らった決定をするよりも本人の意志に従った決定をしたほうがよいに決まっていますから、本人の意志を尊重すること自体は正しいことと言わねばなりません。

しかし問題は、このような親がたびたび子どもの「意志」を言質に取って子どもにがんばる責任と義務を押し付けることです。親は自分の願望を叶えようと執拗に子どもを責め続けます。「あなたががんばると言ったから応援してるのよ。」「自分で受験すると言ったんだから、最後まで全力でやりなさいよ。」親は意志を表明した子どもに対して、自分でやると言ったんだから責任を取れと、苛烈《かれつ》に責め立てます。こうやって責めを負い続けた子どもはいったいどうなってしまうのでしょうか。意志を示すと責められることを知った子どもが、次なる意志を持つことが果たしてできるのでしょうか。

こうして親は、子どもが本来抱くはずだった未来への意志をあらかじめ抹殺します。子どもは自分の意志が踏みにじられたことがわからないので、意志が薄弱な自分をたよりなく感じて、自信を失っていきます。そして大人は自分の残酷さをいつまでも知ろうとしません。

3
子どもと意志

次のようなこともありました。ある年の秋に、中二のある男の子がコンビニで友達といっしょに万引きをして、その次の日に、その子とお母さんと私の三人で話すことになりました。お母さんはうつむいたまま顔を上げようとしない彼に何度も尋ねます。「ねえ、あなたが自分の意志でやったの？　それとも周りの友達に流されてやったの？」これは明らかに、万引きという罪の責任の所在を特定するための質問です。質問された彼も当然それに気づいています。だから簡単には答えられません。三、四度、同じ質問が繰り返され、彼はとうとう口を割ります。「自分でやった……。」

たちまちお母さんの顔が曇ります。彼は責任が自分にある、その事実を引き受けようと声を振り絞って「自分でやった」と言ったのですが彼女は納得しません。「ほんとうなの？　誰かにやらされたんじゃないの？」せっかく本人が意を決して白状したのに、また蒸し返して同じことを尋ねるのです。

私は初め、お母さんは自分の息子の責任を明らかにしてそれを引き受けさせるために質問をしているのかと思っていたのですが、どうも違うようです。彼女はむしろ、責任の所在が自分の愛する息子にはないということを証拠立てるために、その質問をしていたようなのです。うちの子は周りの悪い子どもたちに流されて万引きをしてしまった、つまり悪いのは万引きを先導した（万引きをする意志を持っていた）別の子どもであり、うちの子はそれに巻き込まれたのだ、彼女が息子から引き出したかった回答はそれでした。

しかし、このような母親の対応は決してその子によい影響を与えないでしょう。彼女は、自分自身のそういうごまかしが息子の万引きの種のひとつであることに自覚がないのです。

このように、意志というのは誰かに責任を取らせるために使われるし、一方で、自らの責任を回避して他人に押しつけるためにも使われます。意志を持ってある行為をした人を行為の所有者として罰するのは、一見正しいことのようですが、実はとても危うい考え方です。なぜなら、それは簡単に反転が起きてしまうからです。意志を持っている人が責任を負うべきという考え方は、逆に言えば、意志を持ってさえいなければその人は行為の所有者ではないので責任を回避できるという論理を可能にします。お母さんはこれを利用して、息子に「責任」を取るどころか姑息《こそく》な「責任の回避」を教唆《きょうさ》しようとしたのです。

「ねえ、あなたが自分の意志でやったの？　それとも周りの友達に流されてやったの？」お母さんは、この質問の時点ですでに間違っていました。意志というのは多くの場合、それほど判然としたものではありません。國分も指摘する通り「意志」という言葉には「その人が純粋な自発性のもとに行為する」という意味が含まれていますが、中学生が完全な自発性のもとに万引きをすることが果たして仮にでも想定できるでしょうか。友達といっしょに万引きをする場合には、友人間で相互に影響を与え合っているし、もし一人で万引きをしたとしてもそこには地域や家庭の環境など複雑な要因が交錯していますから、彼が純粋なゼロ地点に立って万引きを行うということは不可能です。だから、もしこのとき彼ができるだけ正確に質問に答えようと思うなら、「自分の意志でやったとも言えるし、流されてやったとも言える。」そう答えるしかなかったはずです。

國分は先の著書の中で、古代ギリシャには現在の意味での「意志」の概念がなかったことを論証してゆきます。さらに、その概念がキリスト教の歩みの中で出てきた特異なものであることを詳らかにします。國分はまた、この著書の論考を土台にした専門誌の記事の中で、「意志」を絶対視するのは、合理的には理解しえないものを信仰しているという意味で「意志教」と呼べるものだと話した後に、続けて次のように語ります。

今使われている「責任」は、意志という概念を使って人に押し付ける責任ですよね。でも、もともと責任ってそうじゃなかったはずです。責任というのは responsibility であり、応答すること (response) と切り離せません。自分の直面した事態に応答しなければならないと感じること、それが責任ではないでしょうか。

そう考えると、意志の概念を使って押し付ける責任というのは堕落した責任なのです。

國分功一郎・斎藤環《さいとうたまき》「オープンダイアローグと中動態の世界」(『精神看護』二〇一九年一月号)

友達といっしょに万引きをした彼が問われなければならなかったのは、彼が悪いとか周りの友人が悪いとかではなく、万引きという現場に直面したときに、彼自身がどのような応答をすることができたかということではないでしょうか。責任というのは、世界に対するその都度の応答の先に自ずと形になって現れるものであって、彼の意志に直接関わるものでもなければ、誰かによって擦《なす》りつけられるようなものでもありません。流されてやった、自分の意志でやった、という理由で問題を片付けるのは簡単なことです。それは友人が悪いか自分が悪いかの違いでしかありませんから。そうではなく、このとき彼にはどうやって不確定な世界と関係を結ぶのか、そのことを良し悪しを抜きにして考える胆力が求められているのであって、それが本来の責任です。とすれば、あなたが悪い、いや周りの人が悪いというような、誰が悪い意志を持っていたのかを確定することによって責任を取らせるやり方は、「堕落した責任」（國分）でしかありません。こうやって悪の主体を抽出してそれを懲《こ》らしめるということを繰り返す限り、決して本来の責任に近づくことはできません。

先に見たように、多くの親は子どもに「あんた勉強しなさいよ」「やる気を出しなさい」と毎日のように言い立てます。しかし考えてみれば、これは子どもが勉強する意志を持つ主体であるという前提に立って初めて成立する言葉です。勉強するかしないかは、その子の意志にかかっている。そう思い込んでいるから、勉強する意志（＝やる気）を持ちなさい、意志を持って自分の責任を果たしなさい、そう呼びかけることができるのです。

しかし、私たち自身を振り返ったときに、はたして自らの意志で何かをやり遂げたことがあったでしょうか。もしあったとすれば、それは意志というよりはその時その瞬間に生起する現実に対する応答の連鎖であり、その結果ではなかったでしょうか。

私たちは、「意志」という都合のいいものを利用して子どもたちに責任を押し付けようとする行為をそろそろ葬《ほうむ》らなければなりません。子どもたちが、他人に押し付けられた「意志」に目を曇らされることなく、いまここの現実に開かれたまま、即興的に生きていく喜びを見出すことを願ってやみません。

子どもは欲望を見つける

いま多くの子どもたちは、大人たちから意志と責任を押しつけられて、疲弊していま す。彼らの意志はすっかり傷ついてしまっていて、身動きが取れなくなっています。そんな彼らに追い打ちをかけるように「なんで勉強しないの?」と言ったところで、彼らの心に何も響くわけがありません。

では、子どもの意志の能動性に期待できないとすれば、大人はいったいどうやって子どもに勉強を促すことができるでしょうか。これに関して、精神科医の斎藤環は、「どうすればその人の責任問題にせずに語れるか」を考えることを提唱し、そのためには「外在化」がキーになると述べています。(『オープンダイアローグと中動態の世界』)

例えば、「私は悪い母親だ」と考えている女性がいるとすれば、「それは、トラブルが常にあなたにつきまとっているんです」と言います。また、統合失調症の患者には「君の症状は幻聴だ」と言うのではなく、「どんな場面で幻聴さんが問題になりやすいのか、いっしょに考えよう」と呼びかけます。トラブルを私のせいだと考えたり、幻聴を私の症状だと捉えるのは、問題を自分のこととして引き受けることであり、つまりそれは問題の内在化につながります。そうではなく、トラブルや幻聴を他人様《ひとさま》の現象と捉えて観察してみようというのが「外在化」です。

これをもとに考えれば、「なんで勉強しないの？」と言うとどうしても子どもの責任問題になってしまいます。だから、このことを外在化するためには次のように言えばよいでしょう。「勉強しない現象についてあなたがどう思っているか、話を聞いてみたいんだけど。」

子どもを「勉強しない子」として扱うと、その子はほんとうに勉強をしない子になってしまいます。なぜなら子ども自身が、自分は「勉強をしない子」なのだと思い込んでしまう、つまり「勉強しない自分」を内在化してしまうからです。だから「勉強しない子」ではなく、「いまはたまたま勉強をしていない子」として扱うことが大切です。「勉強しない子」は存在しません。勉強しないのは、彼がいま「勉強しない状態」になっているだけであり、その状態は彼そのものではなくひとつの現象に過ぎません。

意志が傷ついてしまった子どもと対話するには、いったんこうして意志と責任という重荷から解放してあげる必要があります。子どもの行為を「あなたの意志でそうしている」のではなくて、単に「そうなっている」こととして受け止め、それを子どもに伝えるのです。

子どもが意志決定をしなければならない局面において、何らかの迷いが生じたときには、親をはじめとする周りの大人の手助けが必要なことがあるでしょう。(子どもは大人より決定的に経験値が不足していますから当然のことです。)でも、子どもがわからなくなっているときには、親のほうも実はよくわからなくなっているということが案外多いものです。それでも親は大人として何か明快な答えを用意してあげないといけない、子どもを良い方向に導いてあげないといけないと力むからかえって尻込みしてしまいます。それで結局のところ、現場から逃げてしまったり、見て見ない振りをしたりということにもなってしまうのです。子どもの考えを尊重しているようで、実は単に自分が責任を負いたくないから、決断をすべて子どもに放り投げているだけという親もいます。

でも、こういうときに必要なのは、親が、わからないことを自分に認めることです。そして、その上で子どもとお互いにいろんな考えを出し合うのです。そうしているうちに、自ずと浮かび上がってくるものがきっとあります。それは必ずしも明快ですっきりした回答ではないかもしれません。でも、そうやっていっしょに紡ぎ出された判断には、子どもの主体を底から支えてくれるような強度があるものです。

斎藤は、統合失調症の治療で行われるオープンダイアローグの中では「「出来事」として意思決定が起こってくる」と語っています。そこでは、誰が決定したかという形ではなく、もっと曖昧に、その場に生起した出来事として自ずと決定がなされます。そして決定がなされたことによって、事後的に主体化がもたらされるのだと彼は言います。きっと、選択や決定の正しさというのは、そのことが為されてみて初めて、それ以外はありえなかったというような認識の形で現れるのでしょう。

私が面談などで親と子どもとの三者で話すときに、ひとつ気をつけていることがあります。それは、子どもに対してこうすべきという話ばかりをしないことです。こうすべきの中には、「あなたはこんなふうにしたらいいと思うよ」というアドバイスも含まれていて、どんなに優しく言ったところでアドバイスというのは上からモノを言うことになるので、子どもはいつも「大人から言われっぱなし」の受動性から脱却して話を聞くことができないのです。子どもが大人の話を聞くことができないのは受動性という足枷があるからです。

だから面談で織り交ぜるのは、例えば、ふだんの子どもについての端的な印象です。これを本人にではなくて、敢えて親のほうに対話を持ち掛けるようにします。

「この前、Ａさんがお友達に数学の問題を教えていたのをたまたま見たんですけど、すごく説明がクリアで、しかもとても丁寧で根気強くて驚きました。Ａさんは、子どもを教える仕事、学校の先生とかもいいと思いますけど、もっと広く捉えて、人の心と深くかかわるような仕事なんかも向いているかもしれないと思いました。そういうことをお母さまも感じられたことはありますか？」

少し考えた後、お母さんは答えます。

「そうですね。お友達のお母さんからAちゃんは面倒見がいいわねー、とこの前も言われたばかりで。人の世話が好きみたいなんです。あ、でもうちでは妹に算数の質問とかされても、面倒くさがっていますけど。」

お母さんがそう答えれば、私のほうは、

「ははは。まあでも、やっぱり姉妹の間とお友達とでは関係性が違いますから。それにしても、Ａさんがお友達を教えているのは見ているだけで嬉しくなるような光景でしたよ。」

というような他愛のない話をします。

Aさんはその間、親と私の間で交わされる会話を聞いています。そこではいろんな言葉が交換されるのですが、そのやりとりの中には「こうすべき」がないから、子どものほうも受動性に陥ることなくただ話を聞いていられます。私はそんな印象を持たれているんだ、そういうところが得意かもしれないんだな。そんなふうに、いつの間にか子どもは自身の存在を興味深いひとつの対象として味わうことを知ります。

受験生に対してはもっと具体的な話をします。まずは親に語る形で本人の成績の現状と志望校の合格可能性等について、本人に肩入れし過ぎることなくフラットに客観的な現実を伝えます。このときに、合格するためにはこうしたほうがいいよ、という上からのアドバイスばかりをしては、子どもにはいつまでも能動的な意志は芽生えません。だからそんな話ばかりすることは避けて、どの学校だったらより楽しめそうかといった具体的に想像しやすいことについて、本人を前に親といろいろ話してみるのです。

「Aさんは、女子高より共学のほうが合っている気がします。そのほうが安定するというか。」

「そうなんです。Aも共学がいいかなと言っていたんです。でも、共学で具体的にどこがいいかというと、いまいち思いつかないんです。」

「彼女は大学に行きたいと思っていますか？　行きたいなら大学進学に有利な共学としては例えばM高とN高があります。でもM高はAさんがやってみたいと言っていた弓道部がないんですよね。」

「でも、自宅《うち》からだとN高は遠いからM高より三十分近く通学時間が長くなるんです。片道三十分の差は大きいですよ。」


本人の前でいろいろな考えが交換されます。共学、弓道部、片道三十分近くの差……。Aさんは対話の中の言葉に刺激を受けて、N高とM高はどっちがいいだろう、といつの間にか自分で考え始めます。こうしてAさんは初めて自分の内なる欲望を発見します。自らの能動性を実感として味わうのです。このような発見に基づいて、親と子、または親と子と教師の間で協働して進路を決めていくことは、本人にとって腑に落ちる、納得のいく選択になります。対話の内容自体は何でもないことでも、そのプロセスを経ることはとても大切です。

この対話の途中で、「本人のことだから」と気をまわして「あなたはどこの高校がいいの？　あなたのことなんだから」と無理にでも本人に口を開かせようとする大人は多いのですが、そんなことをするから子どもはいつまでも受動性の穴ぼこから抜け出すことができないのです。そこにはただフラットな対話があればいいだけです。結論を急ぐ必要もありません。内なる欲望を見つけた子どもは、いつかそれを実現するために動き始めます。

　こうした過程を経て進路を決めることができた子どもには、自らの欲望に基づいて進路を決定したという手ごたえが残ります。そして、このささやかな手ごたえが、子どもの人生を肯定的に支えるよすがになるのです。

　このような対話は、精神看護においては「リフレクティング」と呼ばれます。それは「能動性を囲い込む」ための手法として用いられており、私がここで紹介したのは学習の場にその方法を応用したものです。（詳しくは、斎藤環著・訳の『オープンダイアローグとは何か』等を参照のこと。）とは言っても、これは私が「リフレクティング」を学んだ後にその手法を実践したわけではなく、私が長年意識してきた対話のやり方は、精神看護の手法にそって説明をすることが可能だということに最近気づいただけに過ぎません。

大人たちは、子どもを意志の力学から解放してあげる必要があります。そして、その上で子どもと協働してさまざまな対話を繰り返しながら、子ども自身の中から自ずと意志のようなものが立ち上がってくる現場の目撃者となるのです。そのとき、子どもはようやく自らの欲望を肯定的な意志として認識します。そのことを通して子どもたちは、自分で選んだ道という手ごたえのもとに独自の人生の歩みを進めていくことができるでしょう。

このような子どもとの適切なかかわりは、親だけに求められるものではありません。学校内外の教師や指導者、親と子どもの周りにいる大人たち一人ひとりが、その役割を少しずつ担っています。

こうして、親以外も含めた大人たちが「意志教」(國分)から離れて、責任の意味を捉え直すこと。そのことを通して、抑圧でも説得でもない形で子ども自らの欲望を源泉とした動機付けを協働して行うこと。これらを、日常のささやかな対話から始めることを通して、もう一度、本来の意志を、つまり、それが発動された後に初めてこれが私の意志だったと知り得るような何かを、私たちは子どもたちの中に取り戻していかなければならないのだと思います。

子どもと言葉

4

言葉で伝わるという誤解

わたしたち、言葉は通じても話が通じない世界に生きてるんです、みんな。

川上未映子『夏物語』

うまくいかない親と子の間には、必ず「言葉」の問題があります。つまり、親側の「言葉で伝わる」という間違った認識がその背景にはあります。これは親と子の関係だけでなく、人と人との関係性全般を考える上で、避けて通ることのできない問題です。

思春期の子どもを持つ親たちの多くは、子どもに自分の言うことが伝わらない不満を抱えているようで、三者面談では親の愚痴が延々と続く場面がたびたびあります。「うちの子はいくら勉強しなさいと言っても勉強しないし、本を読みなさいと言っても本を読まない。」「部屋を片付けなさいと言っても片付けない。」親たちはそうやって聞き分けの悪い子どもを嘆きます。しかし、このように「何度言っても言うことをきかない。」「何度言ってもうちの子は同じ過ちを繰り返す。どうしたらいいか、手詰まりで。」そう言いながら悶々としたものを抱え続けている親は、根っこの部分で気づいていないことがあるのではないでしょうか。

家庭に限らず職場でもそうですが、「この前言ったでしょ！」「前にも言いましたよね？」は、基本的に言った側が勝手に言質を取っているだけのことです。相手からすればそんなことは知ったことではありません。伝わっていないのですから、言われていないのと同じです。だから、こういうことを繰り返していると、職場では疎まれるし家庭では子どもが耳をふさいでしまうのも当然です。

そもそも「言葉で伝わる」と思っていること自体が一種の思い込みなのではないでしょうか。私にはそれがあらゆる過ちを招き寄せているように思えてなりません。では、こういう過ちを人間はずっと昔から繰り返してきたかと言えば、そうとは言い切れず、それはむしろ現代ならではの現象であり、昔の人たちは「言葉で伝わる」なんてそんな思い上がったことは考えていなかったのではないかという気がします。

かつての日本の農村社会においては、子どもは見よう見まねで親と同じ手業《てわざ》を反復することで技術と知恵を授けられていました。当時は、親の節くれた指先、腰を曲げたまま固まってしまった後ろ姿がそのまま、親たちの生涯の暮らしを子どもに雄弁に語っていました。親と同じことを身につけなければ、最低限の安定的な生活が保障されない。そういう切実な状況下で親と子の間の伝達が行われていた当時、親は子どもにまず身体で技術や知恵を伝えていたのであり、言葉はそれに付随する副次的なものだったと考えられます。

一九五〇年代以降に、日本の多くの人々が急速に土との関わりを失ったこと（一九五〇年における日本国内の農林水産業就業者割合は四八・六％、二〇一八年は三・四％まで減少。出典は平成二十二年国勢調査（総務省ＨＰ）及び帝国書院統計資料「雇用労働者産業別割合（二〇一八）」）は、親と子のコミュニケーションに、いびつな影響を与えました。「身体が自ずと語る」というそれまでの自然な伝達のしかたを失ってしまった親は、子どもに対してなんとか言葉だけですべてのことを伝えようとします。そして、親はいつの間にか言葉の作用によって自己暗示に陥り、その伝達効果を信じて疑わないようになります。親は、言葉を掛けただけで子どもに伝えたという実績を手にしたような気分になって、子どもにさらなる要求を重ねてしまうのです。

しかし、繰り返しになりますが、言葉だけで伝わると考えるのは残念ながら単なる思い込みです。例えば、自分は勉強をしない親が「勉強しろ」と言葉で伝えたところで子どもが勉強するわけがありません。ふだん本を読まない親が、声掛けだけで子どもが本を読むようになることを期待するなんて「言葉は魔法か!?」と思わずツッコミたくなります。そうではなく、自らが勉強や読書によって得た実りを日ごろの暮らしの中で子どもに見せることができれば、彼らは自ずと勉強するし、本を読むようになります。勉強ってなんだかおもしろそうだな、本ってなんかヤバいことが書いてありそう。それを日々の生活で漠然とでも自然な形で伝えられたら、放っておいても子どもはそのうち勉強に出会うし、本を読み始めます。

「口先だけ」という言葉がある通り、言葉はそれだけでは伝えるための道具としては不完全なものだし、逆に、言葉以外のほとんど意識に上らないようなことが直接伝達に作用していることが多々あります。このことに気づかなければ、親はいつまでも「話を聞かない」「伝わらない」というイライラを抱え続け、そのせいで子どもにしつこく怒りをぶつけることになります。

これを読んで、勉強をしない自分、読書をしない自分を責められたように感じた読者がいるかもしれません。しかしこれは、すべての親が勉強や読書によって得た実りを子どもに見せなければならないというような堅苦しい話ではありません。だって、勉強や読書で得ることなんて最終的には人生を楽しむための道具に過ぎませんから。

例えば人生とか、愛とか、感謝とかって実はアメフトの話のようなものの中に含まれていて、わざわざ言葉にして話すようなことじゃないんだ。

若林《わかばやし》 正恭《まさやす》『表参道のセレブ犬とカバーニャ要塞の野良犬』

先日、旅先で読んだ本の中にそう書いてあって、私は思わずほろりとしました。若林は父親の肺に影が見つかったと聞いて、箱根への家族旅行を計画します。彼はせっかくの機会だから旅館でとことん父親と語り合おうと意気込んでいたのですが、結局うまく話すことができません。そのときに彼が父親と話したのは、「今年のＮＦＬはどこのチームが強いか」というような他愛のない話ばかりで、先の引用はそのときの彼の実感から生まれた言葉です。

人生とか、愛とか、感謝とか……。そういう自分の身から切り離せないようなものは、きまってそれが直接には意識されないときに伝わっていると私も思います。それは意識されにくいぶん、後にならないとなかなかわからないことですが……。ということは、本が好きな親の子が本好きになり、野球が好きな親の子が野球好きになったとしたら、本の魅力や野球の楽しさだけにとどまらない、もっと子どもの主体の方向性を定めるような肝心な何かが、親を通して伝わっているのだと思います。

でも、伝えることはいつもどこかで不安を伴うのでしょう。それは届くかわからない手紙を出し続けているようなものですから。そこに愛情があればなおさら不安になり、猜疑心《さいぎしん》が募るのも仕方のないことです。こうして、大人は不安で落ち着かないから、もっと手ごたえのある何かを子どもに伝えようと躍起になります。その何かというのは、個別的な価値観に基づくものである場合が多く、つまりは親が子どもに自分の考えを無理やりに押し付けることに直結しがちです。

作家の多和田葉子は学生向けの講演で「ある時代のある文化が人間であることの条件として定めた内容には、百年後にふりかえれば馬鹿馬鹿しいものがたくさんあります」と語っています。親が子どもに身につけさせようとしている常識や作法は決して普遍的なものではありえず、それを押し付けたところでほんとうに子どものためになるかわからないし、むしろ長い目で見ると、害をもたらすことさえあるのでしょう。

だから、いま親が当たり前のように口にしている、例えば「勉強しなさい」「英語が特に大事なのよ」のような声掛けも、子どもが大きくなったころには古びた言葉になっている可能性が十分にあるわけです。もともと親というのは子どもに対して明確な根拠があることだけ言っているわけではなく、意外なことかもしれませんがその多くが当てずっぽうです。その証拠に、「勉強しなさい」と子どもに言い続ける親には勉強のありがたみを知らない人が多いものです。そういう親は、勉強の本来的な必要性に根ざして子どもに勉強を呼び掛けているのではなくて、もっと単純に自分が生きるための手札が少ないと感じていて不安だから、その不安を子どもに「勉強しなさい」という形で投げ掛けているに過ぎません。それはつまり、どうしていいかわからないからとりあえず「勉強しなさい」と言っているだけで、子どもの将来を心配してというよりは自分の不安を止めるための呪文を唱えているようなものです。

親たちは言葉を単なる伝達の道具として使おうとするからうまくいきません。言葉の意味ばかりを信じて、それに本体（= body）があることを忘れてしまっているのでしょう。言葉の本体を「声」と呼ぶとするなら、子どもは大人の「声」を聞き分けることに長けています。だから親は、自分が発する言葉のうち、何が子どもに伝わり、何が伝わらないのかということを知ることが、そのままいまの自分（または自分たち夫婦）を理解することになると考えたらどうでしょうか。子どもにうまく伝わらないのは、親が自分の「声」を発していないからであり、それは多くの場合、自分やパートナーの弱点につながっているからです。

子は親の言うことをなかなか聞きません。でも、親の言わないこと、親が自ずと背負っているもの、親が心の中に秘めている本音のほうには、きっと誰よりも耳を澄ましています。だから、子は親の言葉に裏付けがないときにはちゃんと見破ります。それは親の身から出た言葉ではないから説得力がなく、聞くに値しないことだと勘づいてしまうのです。

自分自身から出た言葉ではないから、子どもに言葉が伝わらない。この現実を受け入れることで、親は子どもに対する一方的な言葉の矛を収めることができます。

子どもの性質や属性が受け入れられないという心の葛藤と抵抗が生じたとき、親は子どもに対して攻撃的になります。でも、子どもの欠点が受け入れられない親は、実は子どもではなくて自分自身を受け入れることができていないのかもしれません。親は子どもの欠点にケチをつけているときだけは、自分自身の弱みから目を逸らすことができます。だから親はそうやって子どもをダシに使うことで、自分のたよりなさを埋めようとしているのではないでしょうか。

ということは、逆に言えば、子どもに言葉が伝わらないことを受け入れるのは、自分自身の「声」を聞いてそれをそのまま自分で引き受けるということにつながります。こう育った自分をこれでいいのだと認めてあげることは、子どもといっしょに生きていく中できっと自分の大切な拠り所《よりどころ》になります。そうやって、子どもを通して自身の弱みを知ることは決して悪いことではないし、目の前の子どもをちゃんと認めてあげるためには、まず親が自分自身を認めてあげることから始めなくてはなかなかうまくいかないだろうと思うのです。

大人であるはずの私たちは、まだ十分に「大人」になりきれていないのかもしれません。とっくに大人になったはずなのに、まだ自分の弱さに対して自分で手当てをすることができないままなのではないでしょうか。一方で、かつて子どもだったときの私たちは、想像するほどには「子ども」ではなく、大人になったいまと同じようにさまざまなことを考えたり感じたりしていたのかもしれません。——私は、親の期待に応えたいと思っていた。親に褒められたい、認められたいと思っていた。その意味で、私は自ら進んで親のコントロールの下に置かれようとしていたことが、いまならわかる。あのとき私は、嬉しかったし、悲しかったし、苦しかったなぁ……。

こうやって子どもだった自分が感じていたことを、もう一度感じ直してみる。そのことを通して子どもだった自分に手当てをする。するとようやく気づき始めます。——私は自分のことを理解していないと思っていた。自分が何者かわからないからいつも不安で、そんな弱い自分を嘆いていた。でも、私に不足していたものは、理解というよりは自分を受容することだった。自分で自分を認められない私がいたのに、私はこれまでそのことにちゃんと向き合ってあげられなかった……。

こうして、子どものころの私といまの私とが手を結びます。あのころたよりなかった私は、いまも変わらずたよりないままで生きている。それに気づくことで、自らの魂へのいたわりが生まれます。自らをいたわることができる人は、他者にも同じようにできます。そのことを通して、他者への敬意が生まれます。目の前の子どもの弱みにつけこむことなく、そのたよりない存在に輪郭を与えるための知恵をいっしょに絞ることができます。

いまの親世代の多くは、日々の暮らしが土から切り離され、心身ともども根なし草になった最初の世代に育てられました。かつて日本の高度経済成長期に親になった世代は、農村で育った自分の親のやり方が自分の子にはまったく通用しないことに悩んでいました。そのころの日本社会は、旧来の価値観をなぎ倒してでも日々進歩していかなければ時代から取り残されてしまう、そういう強い焦燥に駆られた人にあふれた時期でした。その焦りは、子育てにも知らず知らずのうちに反映されます。そうやってイライラを抱えた親から、一方的な言葉のシャワーを浴び続けて育った人も少なくありません。

こうして、身体に根づかず、しかもどこか強迫的な言葉を与えられ続けることによって、十分な自覚がないまま傷ついてきた人たちがたくさんいます。その人たちは、自分が何をされたかわからないまま、良かれと思って子どもに同じことをしてしまう傾向があります。だからこそ、自分自身はこれまでに何を損なってきたのか、そしていまも何を失い、失うことで逆に何を得ようとしているのかを立ち止まって考えることは、親子関係にとどまらず、私たちが人と関係を築いていく上で必要なことです。

「つじつま合わせのせいで、子どもに迷惑をかけてはいけませんね。」

先日、近くの小学校に哲学の話をしに行ったとき、あるお母さんが喉の奥から絞り出すようにそう言いました。彼女は二週間くらい前に、昼間の空いた電車の中をいきなり走り始めた五歳の息子に「走っちゃダメよ」と言いました。そのとき、彼女はふいに「これは自分の言葉ではない」と感じ、打ちのめされたような気持ちになったそうです。――私はいま周りの目を気にして子どもに声を掛けた。それは、子どもにダメと注意できる親であることを示すために発した言葉だ。――こうやって世の中に合わせて子どもに自分のものではない言葉を掛けたことを、彼女は「世間とのつじつま合わせ」と呼んで、それは子どもに対して不誠実なのではないかと自分に厳しく問うていました。

人生はつじつま合わせの連続です。私たちは足りないところを埋めようとしたり、はみ出したところを隠したりしながら、何でもないような顔をして生きています。でも、右のつじつまを合わせようとすると今度は左がずれてしまうからなかなかうまくいきません。うまくいかないのが自分だけの問題ならまだいいのですが、たいてい周りに迷惑がかかってしまいます。こうして生きづらさが募ります。

私たちは、自分が言葉を操る主体であることを信じて疑いませんが、果たして本当にそうでしょうか。確かに、私たちがふだん物事を捉えようと頭を働かせるとき、または何事かに悩み苦しんでいるとき、その思考はすべて言葉に基づくものであり、私たちは思考する限りにおいて言葉から一歩も離れることができません。しかし、ふだん私たちが使っている言葉は、もとをたどれば自分独自のものは何ひとつなく、そのすべてが他人から与えられたものです。他人から与えられた言葉を使うことで、私たちは初めて意識的に考えることができます。つまり、私たちの思考はもとは他人のものである言葉を使って組み立てられています。ということは、私たちが自分独自のものと思っている思考は、言葉によって、しかも他人に与えられた言葉によって初めて作られたと考えることができるのではないでしょうか。ここで肝心なのは、先に私の思考があるのではなく、言葉があるから思考が作られたと考えられることです。ということは、私たちは言葉を操っているようで、むしろ言葉に操られているのかもしれません。そして、言葉を信じたとたんに、言葉以前の豊かな世界が有限の暗く閉じた世界になったことを私たちは忘れてしまっていて、いったん忘れてしまうとそれは振り返ることができなくなるのではないでしょうか。

だから、私たちは自分が駆使する言葉をもう少し疑ってみる必要があります。言葉を使っているときに、いま言葉によってどんなつじつま合わせがなされているかに目を向けて耳を澄ましてみるのです。そのような内観を通して、言葉はようやく本来の声を取り戻し始めます。それは、意味の手前にある、孤独や死と隣り合わせの震える声です。でもその震えが相手に伝わるから、私たちはその人と手を結ぶことができます。

ふだん子どもに言葉を投げかけるときには、その前にひと呼吸を置くだけで、親子の関係性は変わっていきます。そのひと呼吸によって自分の声を取り戻し、それによって子どもへの配慮が生まれます。

歌うように子どもと関係を結べたらいいのにと思います。私たちの心の中は愛という歌でいっぱいなのに、どうしてそのまま素直に関係を紡ぐことができないのでしょうか。それはとても不思議なことです。「はじめに言《ことば》があった」というヨハネ福音書の警句を引くまでもなく、言葉は私たちの認識の土台となるものです。だから、私たちはいつも借りものの言葉を用いて思考し、それを子どもに発していることに自覚的になる必要があります。「自分の声を取り戻す」と言われても、そんなものは聞こえないという方もいらっしゃると思います。おそらくそれは、声に「意味」を見出そうとするから、それ以外には何もないと思っているから、何も聞こえないのだろうと思います。「心を開く」

という言葉がありますが、「心を開く」というのは、「わからない」世界に身を委ねるということです。言葉の世界の中でどこまでも真剣に考え続けたあげく、最後の最後に「わからない」世界に対して自らを開き、世界に身を委ねる、そのことを「心を開く」と言っているのだと思います。心を開いたその人は、とても無防備で危なっかしい存在です。だからこそ、私たちは互いに手を結ぶ必要が生じます。

弱いつながり

社会学者の宮台真司の本、『子育て指南書　ウンコのおじさん』(岡崎勝、尹雄大《ゆんうんで》との共著)には、親と子の関係を斜めから揺さぶる「ウンコのおじさん」が登場します。この「ウンコのおじさん」についての私なりの解釈は次のような感じです。

ある公園の隅っこのほうで母親が子どもに「あんた、なんで何回も同じこと言わせるのよー!!」と言いながらぷんぷん怒っています。そのときに、母親の視界に入るか入らないかのギリギリのところにひとりのおじさんがいます。ぷんぷんの最中《さなか》に、彼が一瞬視界に入った母親は、その異様さに気づいて思わず彼を二度見します。よく見るとそのおじさんは、地べたにウンコ座りをしたまま妙に真剣な顔つきで地面にウンコの絵を描いているのです。母親は彼のことがどうしようもなく気になり始めます。彼女にとっていまは子どもを叱る大事な場面です。それなのに、近くにいかにも真剣な眼差しでウンコを描いてる大人がいるなんて、もう気になってしかたがありません。こうして母親は目の前の子どもに集中できなくなります。そして、さっきまであんなに怒っていたはずなのに、すっかり気勢を削がれてしまって、次第に冷静さを取り戻します。私が怒っているというのに、あのウンコのおじさんいったい何なの？　もう、私がバカみたいじゃない。母親はしまいには笑い出してしまいます。

ウンコのおじさんは、こうして意図せず親子の間の闖入者《ちんにゅうしゃ》となることで母親の毒気をすっかり抜いてしまいました。そのおかげで親子は平穏な時間を取り戻しました。

近所におせっかいおばさんやおじさんがいなくなって、ひとつ屋根の下にはおじいちゃんもおばあちゃんもいなくなって、誰からのツッコミも入らない親と子の間は、すぐに気詰まりのどん詰まりに陥ります。だから、一方的に親から責め立てられがちな子どもにとってはもちろん、子どもを責めることでいつも自己嫌悪に陥る親にとっても、こういうウンコのおじさんは時にありがたい存在になります。

ウンコのおじさんは、何も親と子の間に割り込んで、子を叱る親に説教をくらわせるわけではありません。だって、親にうんちくを垂れる他人ほど面倒くさい存在はありませんから。ウンコのおじさんは、そういう他人《よそ》の家に土足で入ってくるようなタイプの人ではありません。

ウンコのおじさんは、ただ親と子の間にノイズを起こします。彼は初めから無責任、というか、責任なんかが問われる関係性の外側にいて、外側にいるからこそ親と子の関係を偶然にも撹乱してしまうのです。

うちの子のことは私がなんとかしなくっちゃ、この子のことはすべて私にかかっている。そうやっていつも気負っている親は、すでに子どものことが手放せなくなっています。時々、周囲に手伝おうかと言われても、もういまさら手放し方がわからないからそれを拒絶してしまい、自分の首を絞めてしまうことも多々あります。だから必要なのは、むやみに親子の間に入り込んで親の混乱を増幅させる人ではなくて、ただノイズを起こして親がふと我に返る瞬間を作ることができる人です。不意にウンコのおじさんが登場することで、親は子どもとの関係さえ、いつでも偶然性にさらされていることに気づかされます。

中には夫婦の間でいい塩梅《あんばい》にノイズが入る家庭もあります。

先月の面談のとき、お母さんがバレー部の中二の息子がいかに家庭学習をしないかについて熱心に話をしていました。ところがそのとき、となりにいたお父さんが、もうたまらないという感じで息子を指さしながら笑い出してしまったのです。「お前、おもしろいなぁー。多分いま怒られてるから神妙な雰囲気出してみてるけど、その寝ぐせ！つぶれたメレンゲみたいなお前のその寝ぐせ！それのせいで、まじめぶってみたその顔が何の説得力もないんだよ。だいたいお前、おもしろすぎるんだよ。」お父さんはそう言って笑いながら息子のメレンゲ頭をツンツンと指で突《つっ》いていて、その様子を見たお母さんも「あなたもうふざけないでよ」と言いながらクスクス笑い始めてしまいます。そして、当の本人も例の頭を左右に動かしながらニヤニヤと照れ笑いを浮かべています。そんな親子の様子を見て、私はなんだか安心してしまいました。

母親（父親の場合もある）ばかりが子どもを抱え込んで苦しくなっているときには、父親のノイズが十分に機能していないことが多いものです。父親が子どものことを母親に任せっきりという場合もあれば、母親と父親の相補的な関係が強すぎるためにノイズが起きる隙がないということもあります。また、夫婦間の結束を強固にするために、子どもがダシに使われることも案外多いものです。夫婦なんてもとは赤の他人ですから考え方の不一致があって当たり前なのですが、その前提が忘れられて夫婦の関係を強化することばかりに捉われすぎると、そのあおりを受けるのはきまって子どもです。意見の相違があっても、お互いに対話を重ねて最終的にはその異なり自体を認め合う夫婦の姿こそが、子どもの主体に輪郭を与え、存在を支えるものになるはずです。だから初めからノイズがないというのは考えもので、むしろノイズがあるからこそ関係性が豊かになり、それが子どもに伝わる側面があります。子どもにとっては、父親と母親という二つの存在がそれぞれに異なりつつも手を結んでいるような、二人の間にノイズがありながらもそのまま交じり合うような、そういう夫婦の関係がありさえすればいいのです。そうすれば、親がわざわざ子どものことを大切にしようなんて思わなくても、子どもは愛の実体を目の当たりにすることで、自然に愛情を与え受け取ることを学びながら育ちます。

いまの家族のあり方は実にさまざまです。いつも協働して子どもと向き合える夫婦ばかりとは限らないし、さまざまな事情により単独で子育ての全般を担う親も少なくありません。パートナーとの関係がうまく結べていない夫婦だってたくさんいるでしょう。世の中は実用書やハウツー本であふれていますが、こうしたらいいよと言われても、それをそのまま実行できる人なんて初めから限られているんです。

　だから、例えばウンコのおじさんなんて、そんな人は周りにいないと感じる人は、小説や映画、マンガやゲーム、体を動かすことなど、自分の思考に切断を与えてくれるものはたくさんありますから、つまみ食いをするようにいろいろ試してみたらいいと思います。子どもと一緒に一本の映画を見るだけで、家庭の空気が変わることはありますから。パートナーとうまくいっていない人は、なるほど、子どもが愛を学ぶにはうちの夫婦ではちょっとアレなんだなと知った上で、直接、間接に自分が好きな人や好きなものとの関わりを子どもに見せていけばいいと思います。条件的に難しいことを無理にやってみたところで、一時的にうまくいってもすぐにうまくいかなくなりますから、無理をしないことが肝心です。

　そして、もしあなたの近くに孤立した子育てをしている人がいたら、その人の悩みに共感するだけではなくて、ただ遊びに誘ったり子育て以外の話もしてみるといいと思います。こうして、私たち一人ひとりが誰かのウンコのおじさんになることで、家族は性愛も血縁も超えて拡がっていきます。そして家族は、その都度その瞬間に人と人とが交じり合う偶然性にさらされた新しいかたちになります。新しい家族は、さまざまなしがらみがないぶん、個が個のままに他人と触れ合うことで、孤立することなく自分の孤独をじっくり深めていくような関係になります。それは、その瞬間の現実から生まれた弱いつながりですが、だからこそ、存在と存在とが隔たりなく無条件に手を結ぶような間柄がそこに生じるのです。

子どものことが「わかる」ということ

親と子の場合となると、その関係性が宿命的に近く、距離の取り方が難しいものです。思春期の子どもにとって、親という存在はあまりに重すぎて、なかなか簡単に自分の内面を吐露できるような相手ではありません。それなのに、親のほうは子どものことをわかりたいし、わかっていると思いたいものです。そのせいで、子どものことを、つい自分と同一視してみたり、あるいは自分の所有物のように考えて怒り散らしたりしがちです。でも、実のところは、子どものことなんて、親にわかるはずがありません。だって、よくよく考えてみると、自分のことさえも何を考えているのかわからない私たちが、自分と似ているとはいえ、自分ではない別の個体である子どもの心がわかるわけがないのです。親子の関係は、親が子どものことを「わかる」「わかりたい」「わかるはず」と思うあまりにこじれます。親にとって子のことが「わからない」のは、底知れず不安で苦しいことです。それで、親は子どもにいろいろな干渉をすることで、その不安を解消しようとします。しかし、その親の働きこそが親子がこじれる原因です。

鳥羽和久『親子の手帖』

親はたいてい子どもに強い関心を持っているものですから、子どものことが「わかる」「わかりたい」と思うのは当然です。それでも、自分の子をまるで自分の分身のように見てわかったつもりになるのは、子どもを不自由にし、結果不幸にする原因になります。なぜなら、子どもは自らの心の自然に逆らう形であっても、親が作り上げた「私の子ども」像に自分を合わせようとしてしまうからです。そして、子どもはそのせいで心が傷つけられても、それが親のせいとは気づかずに、むしろ自分の至らなさのせいだと考えがちです。だから、親の「わかったつもり」は子どもにとって毒になりやすいのです。ということは、親にとって大切なのは子どものことが「わかる」ことではなくて、むしろ子どもが「わからない」ことを深く知った上で、子どもといっしょに喜び、悲しむことなのではないでしょうか。

先日、中学受験の合格発表から数日しか経っていない親子が教室にやってきて、春からの中学部の入塾についての面談をしました。そのときに、お母さんがひとり泣いていました。「うちの子は人生で初めてがんばったのに、結果は不合格だったんです。とても不本意な結果で、私、もうかわいそうで……。」そう言いながらお母さんは本人の前で泣いていました。私はお母さんの涙を見ながら、残酷な親だなと思わずにはいられませんでした。もちろん彼女には泣かずにいられないような苦しみがあったのかもしれません。でも「うちの子がかわいそうで」と言いつつも、お母さんはかわいそうな自分のために泣いているようにしか私には見えませんでした。そして、お母さんのとなりに小さく座っているこの女の子はいま何を感じているだろうと考えて、私はつらい気持ちになりました。だって受験に合格できなかったのは、お母さんではなくてその女の子なのですから。私がもし合格していたら、お母さんは泣かずに済んだのに。女の子の小さな心は、そうやって自分を責めていたかもしれません。

子どものことが「わかる」と思っている親は、こんなふうにひどいことを無自覚にやってしまうことがあります。子どもに同情して簡単に涙を流す。愛情という武器を使って子どもの性格や感情を決めつける。そうやって自分がいかに子どもに対して専制的なふるまいをしているかということに気づきません。

一方で子どもたちは、自分を犠牲にしてまでこうした「子どものことがわかる親」を守り続けます。なぜなら、彼らにとってそれは自分に差し向けられた愛情を受け入れることと同義だからです。でもそのせいで親はいつまでも反省する機会がないし、子どもたちはいつまでも傷つき続けます。子どもは「自分のために泣いてくれている親」に対して刃向かうことなんてできません。その涙は子どもにとっては呪いなのに、それを子どもが親に訴えることはありません。

だから親は「大人」として自分のやっていることをちゃんと見つめなくてはならないと思います。でなければ、子どもは親を守るために、何度でも傷つくことを繰り返します。


子どものことが「わかる」と思っている親が子どもに同調して泣いているときには、親は子どもの言葉で泣いていません。子どもに自分とは異なる固有の時間が流れていることに、いっこうに気づこうとしません。でも、子どものことが「わからない」ことを知っている親は、子どもの言葉をそのまま受け止めて、わからないままにいっしょに泣くことができます。

私たちは、わからないからこそ手探りで相手の声を求めます。相手のことが知りたいと手を合わせて祈ります。逆説的ですが、相手のことをほんとうに「わかる」というのは、このような希求なしでは決して成しえないものではないでしょうか。私たちは、その希求のことを愛と呼んでいます。

子どもという再生装置

「私、子どもが欲しいとか、母親になりたいとかそういう願望がほとんどなかったんです。それよりも、自分のために使う自由な時間のほうが大切だし、自分のやりたいことを犠牲にしてまで子どもを育てることに労力を割くのは嫌だなとはっきり思っていて。」

いまから十五年以上も前の私が教室を開いて二年目の年に、由布子《ゆうこ》さんは私の教室（そのころは私ひとりで教室を運営していました）で勉強した卒業生で、いまは都内で社労士事務所を運営しながら大学では非常勤講師として教鞭《きょうべん》を取るという本人曰く「二足の草鞋《わらじ》」の生活を送っています。つい先週、福岡に帰省していた彼女と会うことになり、正月でも開いていた近所のカレー屋で彼女と話をする機会に恵まれました。

「でも、いざ子どもを産むと、子どものことがいっときも頭から離れなくなって。あんなに自分の仕事に固執していたのに、いつの間にか子どもが生活の中心になっていて。」

「これって、私にも母性があったという話をしたいわけではないんです。むしろ、私、出産直後に初めて自分の子どもを見たときに、愛というものをいまいち感じられないような、いやに冷静な自分がいて不安でした。私にはやっぱり母性の欠陥があるのかもしれないと思って。」

人は、子どもを産んだから「お母さん」になれるわけではありません。子どもとお母さんが出会い、互いに引き込まれるように没頭していく過程を通して、母親は「お母さん」になっていくのですから。彼女の告白には、一人の女性がいつの間にか「お母さん」になってしまったことの戸惑いと不思議が詰まっているような気がして、私は興味深くそれを聞いていました。

「子どものことはかわいいと思うし、もっと子どもに手をかけてあげないといけないというのはわかっているんですけど、簡単じゃないですね。うちの娘はいま五歳なんですけど、四六時中私にまとわりついていて、そのせいで全然仕事も捗《はかど》らなくて、たまに娘をはり倒してもそれでも足りないような怒りに支配されることもあります。そういう感情をどうしようもできないことが自分でも情けなくて腹立たしいです。」

「でも仕事をしながら子どもと付き合っていくというのは、ほんとうに大変なことなんでしょう。そういう怒りが生まれるのは、単に子どもに手をかけるための物理的条件が揃っていないからというのはわかっているんだよね。だったらもうそれは仕方がないことだから、自分を必要以上に責めることはないと思うけど。」

彼女が自分を責めるようなことを言い始めたので、私は思わず口をはさんでしまいます。親が子どもとの関係に没頭するには、そのための時間と環境とが安全に確保されることが必要です。そのような母子が守られる条件が整わない中でお母さんたちが自分を責めてしまう、そのせいでその怒りが子どもに転嫁される。この負の連鎖を止めるためには、まずはお母さんたちにあなたのせいでそうなっているわけじゃないから大丈夫と認識してもらうことが肝心だと思っています。

私はこのとき、中学時代の由布子さんのことを思い出していました。私はその当時、若気の至りと言ってしまえばそれまでですが、子どもの問題を解決するためには、その原因となっている親に直接働きかけるしか術がないと信じていたので、親たちになりふりかまわず自分が思うことをぶつけていました。中三の由布子さんが入塾して約半年後の十月に、お母さんの希望で本人抜きの面談をすることになり、その際に言い争いをした結果、喧嘩別れのような形でお母さんが帰ってしまい、翌日に由布子さんは塾を辞めました。私は、優秀な成績を持つ由布子さんがいつもお母さんにテストの点数のことで責められ続けているのを理解できなかったし、幼いころから叱責を受け続けたせいで彼女が英語に対して拒絶反応を示していることを腹に据えかねていたので、面談の席上でお母さんを責め立ててしまったのです。

「お母さまはいつもいつも由布子さんが悪いって言いますけど、彼女は何も悪くありませんよ。お母さまはイライラしてしまう自分に対する腹立たしさや憎しみを、由布子さんにぶつけているんです。もう、たがが外れてしまって由布子さんが悪いからそうなると思い込んでいますが、もともとそれはお母さま自身の感情じゃないですか。それをわからずにいつもいつも由布子さんのせいにして、ほんとうにかわいそうです。」

お母さんは私のほうをキッと睨《にら》んで言います。

「まあ、先生！　じゃあ私が悪いと言うんですか？　あなたは単にこの教室で由布子のことを見ているだけですよね。そんなあなたに何がわかると言うんですか？　私は由布子のことを朝晩ずっと見てきているんですよ。由布子は私の生活の中心なんです。あのわがままな子とずっと付き合い続けているんですよ。もし彼女がわがままじゃないと言うんだったら、それはあなたがわかっていない証拠ですよ。あの子は外面《そとづら》がいいから、塾ではどうせいい子にしているんでしょう。家では全然違うんです。なぜ由布子のことが何もわかっていないあなたにそんなことを言われなければいけないんですか。」

私も負けじと言い返します。

「そういうことじゃないんです。お母さまはそれで由布子さんのことを見ているつもりなんですか？　もう一度言いますけど、お母さまは自分の勝手な感情を由布子さんにぶつけているだけなんです。だから由布子さんを見ているつもりで何も見えていないんです。由布子さんには確かに悪いところもあるかもしれませんけど、それを悪いと責めるのではなくて、どんな解決の方法があるかいっしょに考えましょうと言っているんですが、わかりませんか。」

「先生こそ何もわかっていませんけど、私は何も由布子のことを責めてばかりいるわけではないですよ。」

「あ、それ知ってますよ。この前の中間テストの英語で由布子さんが悪い成績を取ったときに、いや、悪い成績と言っても八十点台後半って全然悪い点数じゃないですけど、まあとにかくそのときに、お母さまはテスト成績報告用紙のコメント欄に「次は期待しています」とだけ書いていましたよね。穏やかなコメントのようですけど、日ごろからそうやって「次は期待している」という冷たい圧をかけておいて、あるときに突然怒りが沸点に達して由布子さんを悪い、ダメだと責めるパターンを繰り返していますよね。由布子さんはあのコメントの冷たいところだけを敏感に感じ取っているはずです。そうやって日頃から関係性を冷え込ませたあげくに由布子さんが悪い、ダメだと言っていきなり憎しみをぶつけるわけですから、由布子さんの心が無事なわけがないです。そのせいで、彼女はもう自分で勉強をがんばるという意志を根こそぎ奪われてしまっています。」

「ほんとうに何もわかっていらっしゃらないのに、よくもまあ憶測でそんなことを言えるものですね。あなたこそそうやってご自身の思想でこちらを支配したいとお思いなんでしょう？　由布子のがんばる意志がないとおっしゃるならここに預ける意味も価値もありません。今日はもう失礼します。」

そう言ってお母さんは私に背を向けて帰ってしまいました。帰り際、「私が支配する義理はありません」とお母さんの背中に向けて発した言葉は、宙に浮いてそのまま消えてしまいました。

次の日にお母さんからそっけない退塾の連絡があり、その週末の授業が始まる直前に予告もなく由布子さんが教室にやってきました。私は彼女の顔を見た途端、「ごめんね」と言いながら涙を流してしまい、由布子さんも泣いていました。私はこのときとても後悔しました。私が対処を間違えたために、彼女が塾という居場所を失ってしまったことに気づきました。

それ以降、私は彼女と毎週木曜日の夕方五時半からたった四十五分間だけ「ミーティング」と称した個別指導をすることにしました。もちろん無償で、お母さんには内緒です。でも、三回目の「ミーティング」のときに一度だけ二つ上のお兄ちゃんを連れてきたので、兄妹の間ではその秘密は共有されていました。彼女はこのお兄ちゃんのおかげでお母さんの考えと若干の距離を置くことができており、それが救いでした。「あの人、小五のときに私の中で死んだんです。」由布子さんはお兄ちゃんと来た日に、お母さんのことをそんなふうに言いました。その瞬間に彼女のとなりでぎゅっと唇を噛んで頷いたお兄ちゃんの表情が、私はいまも忘れられません。

「あのとき、私は先生に感謝すらしていなくて。」

昔のことを思い巡らせている私の頭の中を見透かしたように、彼女は話し始めました。

「いまになってみれば、忙しい先生がよくあそこまでしてくれたものだとわかりますけど、当時はそんなふうには考えられませんでした。先生が無料《タダ》で勉強を見てくれたことを、当たり前の権利くらいに思っていた気がします。」

そう言いながら彼女はくすくすと笑いました。

「いやあ、でもあれは大人たちが勝手にぶっ壊したから。」

「そう、私あのとき、先生やってくれたなと思ってましたよ。」

彼女はそう言いながらまた笑います。

「よく覚えているね。」

「先生と会ったから思い出しました。いつも考えていたわけじゃないですよ。」

由布子さんの話では、塾を辞めた後、お母さんとの関係は少しずつ改善していったそうです。彼女はその理由の一つに、私との「ミーティング」を挙げてくれました。実際にどれだけ力になったかは定かではないのですが、私もいまなら一つわかっていることがあります。それは、直接親に接触して親を正そうとするのではなく、ただ子どもの話を聞いて子どもと対話をしているだけで、親子の関係性が少しずつ好転する可能性があるということです。子どもがもっている関係性をつなぎ変える力が、そういう対話を通して引き出されることがあるのはとても不思議なことです。


「うちの赤ん坊が泣いたり笑ったりするたびに、なんでこの子は泣いたんだろう？　笑うんだろう？　って考えてしまうじゃないですか。必ずしもその一つひとつに意味があるわけではないとわかってはいても、できるだけ具体的な意味を求めてしまうんです。おむつを替えても何をしても泣き止まないこの子には別の理由があるのだと考えて、それでぐるぐると考えているうちに、いつの間にか私の願望がその子に託されていることに気づくことがあります。私はお腹がすいているから、あなたもお腹がすいたんでしょう？　というようなことをいつの間にかほとんど何も考えずにやってしまっていて、ふと我に返って、ああ何をやっているんだと思うときがあります。母子はそういう循環にはまりやすいのかもしれません。」

意味があるのではなくて、私たちは意味を求める。私たちはそうやって自らで編んだ意味の網目の中で生きています。得体の知れない物体が突如現れれば、それに名前を付けることでわかったつもりになりたがるし、自分の理解を超えた出来事が起これば、無理にでも何らかの因果の法則を見出して自分を納得させようとする。やはりそうだったのかと思うことで、わからない不安をその場しのぎで取り除いて安心を得ようとします。

母子は関係の始まりから知らず知らずのうちにそれをやっていて、そのせいで私の欲望がそのまま子どもの欲望になってしまいがちです。自分の欲望が子どもを通して可視化されるのは親にとっては強い快感ですから。でもそれに気づかずにいると、自分の欲望と相手の欲望の区別が母親のほうも子どものほうもつかなくなってしまって、しまいには自分自身の欲望の輪郭がわからなくなってしまうのです。親子の関係、特に母子の関係は、関係の始まりに出会う赤ちゃんがあまりに脆弱で不可思議な存在であるせいで、その辺が特にわからなくなってしまいがちです。だから、そこにある構造を意識すれば、いつの間にか感覚的になんとなく流していた部分が流せなくなって循環のサイクルに滞りが生じます。そういう過程を通して親と子の円環に裂け目が生じることで、ようやく関係性に変化が生じます。

「先生と会っていきなり中学時代にタイムスリップしたみたいでおもしろかったです。私、久々に十代のころのことを思い出して、なぜかすっきりしました。親になっても、今日みたいにときどき子どもに戻るとおもしろいかも。さっきの願望の話もそうですけど、自分が話している内容が子どものころの自分から引き出されるような感覚がありました。」

別れの間際に由布子さんはそう言いながら楽しそうに微笑んでいました。

「こっちは別に由布子さんの話を聞いていただけで何もしてないし、何もためになることも言ってないけど。」

「いや、余計なことをされるよりずっといいです。」

彼女はいたずらっ子のような顔でそう言った後、にこっと笑って、最後に「ハグしていいですか」とカレー屋の扉の前で私をぎゅっと抱きしめて帰っていきました。

親の心子知らずという言葉がありますが、心を知らないのはその逆も同じことで、親の心がわかるようになった途端に見えなくなるものがあるのでしょう。人は親になると、それ以前に自分の内に響いていた声の一部を失ってしまうのではないでしょうか。だから親は、ときどき子どもに戻ってそのころの自分の声を聞き、その声をもとにもう一度大人として、親として、何度でも再生する必要があるのだと思います。

子どものことがわからないから、わかりたいと思う。意味がないという無に囚われるから、そこから抜け出そうと意味を求める。そういう泥にまみれた葛藤と執着の中にこそ私たちの生があるのだとすれば、私たちはいま確かに生きています。その意味では「わからない」ことが私たちの生の始まりであると同時に、たちまち雲散霧消するいまという世界に「わかりたい」と手を伸ばして自分のもとへたぐり寄せる必死のふるまいが、目には見えない痕跡として私たちの存在に刻まれるのだと思います。

子どもたちは今日もまた、新しい現実を発見した興奮に震えています。その震えが世界を揺さぶり、因果に結ばれた私たちのストーリーをかき乱します。

孤独の寂しさから逃れるためにストーリーを語るより、矛盾と葛藤の中でも、たよりない偶然を拾い集めて、それを「自分独特の生き方」の発火点にしたいのです。そのための、子どもという再生装置が、きっと私たち一人ひとりの中にいまも息づいています。

家族のかたち ―― あとがきに代えて

ちゃんとみんなずるくて
こんな世界で生きている
伝説にならないで

成宮アイコ「伝説にならないで」

唐人町《とうじんまち》寺子屋（福岡市）を開校してまもなく二十年になります。日々さまざまな子どもたちといっしょに勉強をしていると、深刻な問題を抱えている子どもに出会うことがあります。そして、子どもが問題を抱えている場合、たいていその奥に親の存在があるものです。その場合、親が変わらなければ子どもだけが変わることなんてできません。

とは言っても、それを親に伝えるのは難しいことです。親はすでに自らのストーリーを歩んでいて、そういう大人たちに、電話や面談といった短い時間で、何か劇的な変化をもたらすことは不可能です。そして、そんなことをするのは人が大切にしている生き方の領域に土足で介入するようなもので、それでお前は目の前にいる一人の人間に対してほんとうに責任を取れるのか、お前はどんな資格があってそんなことをしようとしているのか、という問いによって、身動きが取れなくなることがほとんどです。

だから、すでにストーリーを歩んでいる親に対して、もし効果を及ぼすことができるとすれば、それは別のストーリーによってではないか。そのような気持ちで私は前作『親子の手帖』（鳥影社）を書きました。

子どもを産んだら「お母さん」になれるんだと思ったらそうじゃなかった。〈中略〉子どものままかと言えばそうではなく、ただ知恵だけがついた。お母さんであり女であり少女であり私なのだった。「お母さん」だけになれたら、こんなに苦しい思いをすることもなかったのだろう。

植本一子『かなわない』

『親子の手帖』では写真家の植本一子さんに帯文を書いてもらいました。「私たちは子どもたちのためにもう一度「大人」になる必要がある。」彼女が夫の石田さん（ＥＣＤ）

の葬儀の翌日にメールで送ってくれた帯文は実に見事でした。彼女にはコピーライティングの才能もあるのだと思わず唸りました。

植本さんは娘二人を育てながら、写真家として、そして作家として活動しています。そんな育児と仕事に追われる生活の中で、石田さんが末期がんに冒されます。そういった状況下で書かれた彼女のエッセイに登場する母としての彼女は、決して「正しい」お母さんではありません。自分の感情や欲で、まだ幼い娘や闘病中の夫を振り回す場面が幾度も出てきます。でも、彼女は正直です。そこに書かれていることは、これがほんとうなのだ、というリアリティの力にあふれています。

彼女の言葉を通じて私たちが知り得ることは、愛するというのは、わからないことや矛盾することばかりだということです。そして、正解なんていつまでもたどりつけるものではないということです。自分の足元を深く掘れば、醜いものが現れることだってあるし、それがいわゆる社会規範や倫理から逸脱する可能性だってあります。けれども、彼女の文章を読んだときの、これがほんとうなんだという感覚は、白昼堂々と虚言・妄言が繰り返される世の中で、信頼に足るわずかなことのうちのひとつだと思わせるものがあります。正直だと言えばまるで美しいことのようですが、そうではなく、単に私たちの感情や欲望はそうなっているというだけです。私は彼女の日記文学の中に「これでいいのだ」という徹底した人生に対する肯定の光さえ見出すことができます。

現代の価値観の多様化がもたらしたのは、何を選んでも普遍的な正解にはたどりつけないという地獄です。そういうたよりなさの中で、それでも親たちは必死に子育ての正解を探し求めます。しかし、正解を求めているときに親が見ているのは子どもではありません。それは世間体であったり、それに付随する自分自身の不安を見ているに過ぎません。そのとき肝心の子どもは、射程の中心から弾かれてしまっています。

かと言って、そのことが必ずしもダメだということではありません。そうなってしまったこと自体に、善悪はありませんから。でも、自分が子どもを見ているのか、それとも社会に投げ出されてしまった自分自身の不安を見ているのか、そのことには意識的であったほうがいいと思います。でなければ、子どもが親の負債をすべて肩代わりしなくてはならなくなるからです。

親に必要なのはきっと、世の中に対しての正解を求めることではなくて、自分自身に対する正直さや率直さではないでしょうか。親としての正解を求めるよりも、単に一人の人間として、自分の中にある曖昧さをそのまま認めることではないでしょうか。

『おやときどきこども』では、前作以上に子どもたちに焦点をあてた文章を心がけました。前作に寄せられた感想の中で、最も多くいただいたのが「子どものころの自分に戻って読んだ」というものでした。親は「大人として」の正しさを身につけようと躍起になって、正解を持っていそうな大人を見つけては、その人を参照しようとします。でも大人にとっての先生は、実は大人ではなくて子どもであって、曖昧なままに生きている子どもという存在を媒介しなければ、大人は正直になんてなれないと私は思っています。だからこの本には、できるだけ子どもたちから出た言葉や、彼らの言葉にならない声を拾って、そのまま書きつけたつもりです。子どもたちの言葉が、「正しさ」の前で翻弄《ほんろう》される大人たちに響く声になることを願っています。

この本ではその他に、現代の小さい家族ではどうしても親に負担が集中し、子どもにはモノローグ的な偏ったメッセージが伝わりやすいこと等を問題にしてきました。今後もその状況に大きな変化がないとすれば、私たちに必要な心得は家族の意味をできるだけ一面的に捉えないことです。家族としての正しさを目指してがんばることよりも、むしろさまざまな状況に応じて変化していくような、あらゆる可能性に開かれた新しい家族の在り方を探ることが、私たちが生きのびるために必要です。

最後に、これからの家族のかたちを考える上で大きなヒントになる一つの映画を紹介します。

一九五三年に公開された映画、小津安二郎の『東京物語』。舞台は高度経済成長が始まったばかりの日本。尾道《おのみち》（広島県）に暮らす周吉と妻のとみが、東京に出て行った子どもたちに会いに出かける物語です。遠路はるばる東京まで出てきた両親のことを気にしながらも、長男の幸一も長女の志げも毎日仕事が忙しくて、いっこうに両親をかまってやれません。寂しい思いをする二人を慰めたのが、戦死した次男の妻の紀子《のりこ》でした。二人が尾道に帰郷してまもなく、東京での疲れが祟《たた》ったのか、とみは急死してしまいます。とみの葬式が終わったその日の晩に、ひとり身になった父を横目にそそくさと東京に戻った兄妹たち。そんな中で、最後まで尾道の家に残った紀子に対し、周吉は先日上京した際の紀子の優しさに感謝を表します。とみも喜んでいたよと、その人柄の良さを褒めます。しかしこのとき、周吉に対して紀子が思いがけない一言を言うのです。

「私《わたくし》、ずるいんです。」

紀子が「ずるいんです」と言ったのは、謙遜でも何でもありません。ただ彼女の正直さから出た言葉です。今回はたまたま私が、お父さん、お母さんに良くすることができたけれど、もし私の立場や状況が異なれば、同じようにはできなかったかもしれない。だから彼女は「ずるいんです」と言います。人は自分の生活が一番、自分の感情が一番というずるさを持っていて、私だって例外ではない。私はそうやってずるいままで、たまたまお父さん、お母さんのお世話ができただけで褒められて、お母さんの形見の懐中時計までもらおうとしている。そんな状況の中で、紀子は嬉しいとも悲しいともつかない複雑な笑みを湛えたまま「ずるいんです」と三度も言って、涙を流します。

小津はこの場面に幾重にもこれからの家族のひな形を描きました。

まず、家族は必ずしも血のつながった人間でなくてもよいこと。そうでなくても、紀子と周吉のように、それ以上に家族らしい関係というのはありうるのだということ。

次に、人は皆、自分の生活と感情が一番というずるさを持っているということ。人に尽くす美徳より、そのずるさのほうがほんとうなんだということ。周吉は紀子の独白をそのままに受け止めて言います。「やっぱりあんたは、ええ人じゃよ。正直で。」

自分のずるさを赤裸々に話した紀子に対して、周吉はその正直さを褒めます。そのことで、ずるさの意味が変容していることは興味深いところです。ずるいことは必ずしも悪いことではない。それがほんとうなら、しかたがないじゃないか。そのずるさを見つめる正直さ、それがあなたのいいところだよ。周吉はそう言っているのだと思います。

私たちは一人ひとりがずるさを持っている。でも、だからこそいま手を差し伸べることができる人が、必要とする人と家族になる。血縁を超えて、そのときの思いをもとに、家族としてつながる。そのような形でしか、家族というものはありえないのではないかということをこの映画は私たちに伝えてくれます。半世紀以上も前に、これからの日本の社会を見通して紀子にずるさを語らせた小津の慧眼《けいがん》には驚かされます。

「私、ずるいんです。」

紀子の心からあふれ出した声は、いまも哀切を帯びて私たちに訴えかけます。この文章を読む方たちが、ときに葛藤に悶えることがあっても、自らのずるさを静観しながら、それぞれの家族のかたちをつくっていくことを願っています。

最後に

この二ヵ月で、子どもたちと関わる環境がすっかり変わってしまいました。三月初めの受験前最後の中三授業は、コロナ感染防止のための小中学校の休校措置に準ずる形で中止になりました。子どもたちとの大切な最後の時間が奪われてしまったという感覚が、いまも消し去りがたく残っています。

子どもたちとは今日でちょうど丸一ヵ月会っていません。こんなことになるなんて、原稿を書いている最中には予想だにしませんでした。いまは週に一回ずつ小中学生の家庭にオンライン接続して子ども一人ひとりと会話しながら学習の進捗を確認する時間を設けていて、それはかけがえのない楽しい時間です。オンライン授業は思った以上に子どもたちが楽しんでくれていますし、動画配信（小六から中三まで全学年五科目を自主製作して配信しています）は利便性や効率の良さではむしろリアルの授業より優れた面さえあります。

教育を「情報」と捉えるならそれでいいのだと思います。情報において大切なのは、即効性とわかりやすさですから。しかし、子どもとの関わりを情報のみに還元することは決してできません。高一のMくんは、「鳥羽先生との授業はオンラインではなくリアルでなければ嫌だ」と対面の授業に頑なにこだわり、オンラインの受講を拒絶しました。彼が単に情報ではなく、確かな手触りを得るために教室に来ていると知りえたことは、私にとって少なからず喜びと自信に繋がる出来事でした。親が幼子に触れずに育てることができないのと同じ理由で、私は子どもたちと直接に会うことなく学び合うことはできないと感じています。この本に綴られた子どもたちとのやり取りは、直接に彼らと触れ合うことなくしては決して生まれえなかったものです。オンライン授業のあらゆる可能性を探りつつも、これからも対面の良さを完全に手放すことはないだろうと思います。

この本がコロナ禍以降に変容していく社会に戸惑いながら、それでも確かな手触りを求めて生きる人たちに届きますように。

二〇二〇年四月二十七日　晴れ　福岡市にて

鳥羽和久

参考・引用文献リスト

◆朝井リョウ『死にがいを求めて生きているの』中央公論新社
◆朝井リョウインタビュー「死にがいを求めて生きているの　オンリーワンの先の何もない地獄に心当たりがあるんです」（WEB小説丸 掲載）小学館
◆朝井リョウインタビュー「素晴らしき〝多様性〟時代の影にある地獄」（NEWS WEB「平成考　未来を生きるヒント」掲載）NHK
◆東浩紀『ゲーム的リアリズムの誕生　動物化するポストモダン2』講談社
◆東浩紀『弱いつながり　検索ワードを探す旅』幻冬舎
◆石牟礼道子『葭の渚　石牟礼道子自伝』藤原書店
◆磯野真穂『なぜふつうに食べられないのか　拒食と過食の文化人類学』春秋社
◆植本一子『かなわない』タバブックス
◆大岡信『詩・ことば・人間』講談社
◆岡本かの子「快走」（『岡本かの子全集　第5巻』収録）筑摩書房
◆川上未映子『夏物語』文藝春秋

◆國分功一郎『中動態の世界　意志と責任の考古学（シリーズケアをひらく）』医学書院
◆國分功一郎『暇と退屈の倫理学』太田出版
◆國分功一郎・斎藤環「オープンダイアローグと中動態の世界」（『精神看護』二〇一九年一月号 収録）医学書院
◆こだま『夫のちんぽが入らない』扶桑社
◆斎藤環著・訳『オープンダイアローグとは何か』医学書院
◆齋藤陽道『異なり記念日（シリーズケアをひらく）』医学書院
◆最果タヒ『死んでしまう系のぼくらに』リトルモア
◆最果タヒ『きみの言い訳は最高の芸術』河出書房新社
◆最果タヒ「友達はいらない」最果タヒ.blog 2016.7.5
◆高橋和巳『消えたい　虐待された人の生き方から知る心の幸せ』筑摩書房
◆高橋和巳『子は親を救うために「心の病」になる』筑摩書房
◆谷川俊太郎『谷川俊太郎エトセテラリミックス　新装版』いそっぷ社
◆多和田葉子「いのちと人間」（『高校生と考える21世紀の論点』収録）左右社
◆千葉雅也「平成の身体」（『文學界二〇一九年三月号』収録）文藝春秋
◆千葉雅也・二村ヒトシ・柴田英里『欲望会議「超」ポリコレ宣言』角川書店
◆鳥羽和久『親子の手帖』鳥影社

◆成田悠輔インタビュー「生きる目的や倫理は蒸発する」(『Forbes JAPAN』二〇一九年三月号 収録)
◆成宮アイコ「伝説にならないで」(『て、わたし』第六号 収録) てわたしブックス
◆西村清和『電脳遊戯の少年少女たち』講談社
◆見田宗介『現代社会はどこに向かうか 高原の見晴らしを切り開くこと』岩波書店
◆見田宗介・河合隼雄・谷川俊太郎『子どもと大人 ことば・からだ・心』岩波書店
◆宮沢賢治『新修宮沢賢治全集 第十三巻 童話VI』筑摩書房
◆宮台真司・岡崎勝・尹雄大『子育て指南書 ウンコのおじさん』ジャパンマシニスト社
◆若林正恭『表参道のセレブ犬とカバーニャ要塞の野良犬』KADOKAWA
◆若松英輔・山本芳久『キリスト教講義』文藝春秋
◆鷲田清一『じぶん・この不思議な存在』講談社
◆鷲田清一『わかりやすいはわかりにくい? 臨床哲学講座』筑摩書房
◆渡邊博史『生ける屍の結末 「黒子のバスケ」脅迫事件の全真相』創出版
◆ハンナ・アーレント著、大久保和郎訳『イェルサレムのアイヒマン 悪の陳腐さについての報告』みすず書房
◆ジョルジョ・アガンベン著、上村忠男訳『身体の使用 脱構成的可能態の理論のた

めに』みすず書房
◆フィリップ・アリエス著、杉山光信・杉山恵美子訳『〈子供〉の誕生　アンシァン・レジーム期の子供と家族生活』みすず書房
◆イヴ・ジネスト、ロゼット・マレスコッティ著　本田美和子日本語監修『「ユマニチュード」という革命　なぜ、このケアで認知症高齢者と心が通うのか』誠文堂新光社
◆ミシェル・フーコー著、石田英敬訳「啓蒙とは何か」(『フーコー・コレクション6　生政治・統治』収録)筑摩書房
◆『聖書　新共同訳』日本聖書協会

参考・引用楽曲・映画リスト

◆庵野秀明・摩砂雪監督『新世紀エヴァンゲリオンTV放映版』
◆小津安二郎監督『東京物語』
◆島崎智子「つじつまあわせ」(自宅録音2CD-R『つじつまあわせ』収録)
◆寺尾紗穂「たよりないもののために」(アルバム『たよりないもののために』収録)

◆長久允 監督『WE ARE LITTLE ZOMBIES』（ウィーアーリトルゾンビーズ）
◆槇原敬之（歌唱 SMAP）「世界に一つだけの花」（同名シングル）
◆マヒトゥ・ザ・ピーポー「かんがえるけもの」（アルバム『不完全なけもの』収録）
◆米津玄師「アイネクライネ」「サンタマリア」（アルバム『YANKEE』収録）

本作品に登場するエピソードは、
人名、固有名詞、事実関係などを大幅に変更しております。

Special Thanks:

竹内鈴、永戸基就、仁藤匠、
2019年度ディスカッション受講生のみなさん、
本校で学んだすべての卒業生

鳥羽和久
とば・かずひさ

1976年福岡県生まれ。専門は漱石と精神分析。大学院在学中に中学生40名を集めて学習塾を開業。現在は株式会社寺子屋ネット福岡代表取締役、唐人町寺子屋塾長、及び単位制高校「航空高校唐人町」校長として、小中高生150名余の学習指導に携わる。教育や現代カルチャーに関する講演も多数（NHKカルチャーシリーズ講座「推しの文化論」など）。著書に『君は君の人生の主役になれ』（筑摩書房、2022年）、『親子の手帖　増補版』（鳥影社、2021年）など。連載に西日本新聞「こども歳時記」、ちくまweb「十代を生き延びる 安心な僕らのレジスタンス」など。朝日新聞EduA相談員。

おやときどきこども
2020年6月25日　初版第1刷発行
2022年12月19日　初版第5刷発行

著　者　鳥羽和久

ブックデザイン　鈴木千佳子
ＤＴＰ　小林正人（OICHOC）
校　正　牟田都子
編　集　川口恵子

発行人　村井光男
発行所　株式会社ナナロク社　〒142-0064 東京都品川区旗の台4-6-27
電　話　03-5749-4976　ＦＡＸ　03-5749-4977
ＵＲＬ　http://www.nanarokusha.com
振　替　00150-8-357349

印刷・製本　中央精版印刷株式会社

　ISBN 978-4-904292-94-5 C0095